# ロータス・イーター

コージー・ティル

Lotus-eater - Cozi Till

文遊社

1997-2002 Japan

1999 Burning Man

2000 Australia

2000 Mexico

2000-2001 EU, USA

2001 Morocco

2001-2002 Greece

LOW ART
2th. A
NYePI
Balinese
New Year
Ashanti ♡ Ogo2, so
I put (him) on my Sholder
& walk around for 4 hours!!
Because
(he) was still in
on Hindu Calender,
NYePI is New Years DAY.
this day, You can't use Any
Elektric, fire... just stay
home after Ogo Ogo Parade!
FUCK
terrorist
SELAMAT
HARI RAYA
NYE

2002 - 2005 Bali

# まえがき

この本は、ソーシャル・ネットワーキング・サイト〝ミクシィ(mixi)〟に書いていた日記をまとめたものだ。ミクシィに関しては、六年ちかくも前に日本を出たあたしが知っているくらいだし、どうやら最近では社会現象なんていわれたりもしているようだから、わざわざここであたしが説明するまでもないと思う。それでもあえて一言で説明するならば、それは招待された人のみが入会でき、入会した人すべてがそれぞれのプロフィールや写真、日記なんかを盛り込んだページを持つことができる、個人情報ポータルのようなサイトだ。

しかもそれは二十四時間いつなんどきでも日記作成／アップロード／更新ができるばかりか、星の数ほどあるコミュニティから、自分の興味にそったものを探しだし、そこでしばし遊ぶこともできるし、他人の日記への書き込みも可能。いわば自分が自分という名のメディアになることが可能になる場所（サイバー空間での）だともいえる。

生まれつき放浪癖のあったあたしの魂のギアは、レイヴ・カルチャーに出会い、ＤＪを始め、旅を重ねるうちにまるで減速が利かなくなっていった。どんどん拡張していく世界観と、快楽を追求しつづける異なる肌の色をしたさまざまな人たちとの出会いに昂揚し、もっと先を知りたいと思う自分に正直でいようとするあまり、とうとう一九九九年の暮れに自分を追いやるようにして日本を出てしまった。

ここに収められた日記は、現在バリに住んでいる自分の進行形の日常と、たまにフラッシュバックする過去の出来事やそのときの思いとのコラージュになっている。闇雲《やみくも》に迷走していたかのようだった過去のそうした体験が、今どのように自分のなかでリミックスされ、意味を与えられているかを見るのは、それを書いている自分にとっても興味深い作業だった。たとえていうなら、日記を書くという行為をとおして、目に見えない地図上に記された自分だけのマイルストーンを確認していく作業だったといえばいいだろうか。

たぶん、とてつもなく飽きっぽい自分がこんなにも長く（といってもまだ始めて八カ月ほど）、誰かに強要されたのでもなく、自発的に日記なんてものを書いてこられた理由はそこにあったのだろう。また、夫をはじめ周囲の人々との日常会話がほとんど英語という日々のなかで、忙しい一日の終わりにコレをやると、普段はあまり使っていない日本語での思考の部分が刺激／エクササイズされ、心地よい疲れとともに眠りにつくことができた。

さらに、ここに参加することによって、ほんとうにひさしぶりに〝日本というカタマリ〟というものに関わりを持つハメになったのも興味深かったといえる。友人にこのサイトに誘われたとき、正直いって最初は妙な警戒心があった。トンズラして以来というもの、意識して関わることを避けてきた、日本社会のもつグロテスクさを嫌というほど見せつけられるのでは、と思ったのだ。でも参加してみると、そこはクセになるほど楽しい底なしのカオスであり、不思議の国のアリスもハマって脱出できなくなりそうなワンダーランドだった。

星の数ほどの、あまりにも個人的で、どうでもよくてどうでもよくない情報、加工もされずに放りだされた感情、ありとあらゆるテーマに関する同時多発的なディスカッション、素晴らしくゲリラ的に行われる表現とその伝達。。。あまりにも日本的なのに、今までの日本には存在しえなかった場所だと思った。

そして、そこではあたしがアレルギーを感じる、おきまりの日本社会のグロテスクさが不思議なほど感じられなかった（まあ、あたしのマイミクになってくれた人々の個人的資質に負うところも大きかったと思うが）ため、二〇〇四年十二月に参加してから今までのあいだ、実に軽々とした、楽しい、興味深い時間をもつことができた。

今、自分が読んであきれるような愚行のかずかずをさらしたこの日記を、いったい他の人が読んで面白いと思うのか、どう感じてくれるのかは皆目わからない。ソートーおちゃらけて書いている部分もたくさんある。実際、書いているとき、何回も自己嫌悪におちいって、もう長ったらしい日記はやめよう、と決心しかけたくらいだ。それでも、書き込みをくれた友人などの存在に励まされて書いているうちにこんな量になった。そのなかでひとつでもあなたの心に響く回があれば、こんなうれしいことはない。

日記のなかでもよく使う言葉に、〝すべては宇宙のはからい〟という言葉がある。

カッコわるいことを白状してしまえば、〝快楽遊牧民〟を気どって旅立っておきながら、日本を出てからずいぶんと長いあいだ、あたしは〝オチて〟いた。旅の途上にありながらどうにもできない鬱にとりつかれていた。そこからようやく抜けだし、再び人生の美しさを噛み締めることができるようになった時期に、ミクシィに参加することになり、好き勝手に書きまくっているうちに今回の出版の話がきた。

ミクシィは自分がメディアになれる場所、と書いたが、それはつまりそこでどんな性質の情報を放射し、どんな色のメディアになるかを自分で選択できるということだ。情報とは光だ。笑いや感謝、喜びなど、明るい、なにかしらポジティブな性質の光を放射できるようになった時期に、このめぐりあわせを起こしてくれた宇宙に感謝したいと思う。

それから、楽しいフィードバックをいつもくれたマイミクのみんな、昂揚した晩に送ったぶしつけなマイミク・リクエストを承諾してくださった方々、ミクシィという素晴らしい空間を創造してくださったイー・マーキュリーの運営事務局のみなさん、とりとめもない日記を素晴らしい本にしてくださった文遊社、あたしをミクシィに招待してくれたKOTARO君とクイントリックスのケイ君、そして今生でこんなあたしの家族になることを選択してくれたあたしの家族に、この場を借りて感謝の気持ちを捧げたいと思う。

コージー・ティル

二〇〇五年七月七日。バリにて

# 目次

# ロータス・イーター

コージー・ティル

## 2004.12.12 21:53
## バリにきて二年がたった。

あたしは今、バリに住んでいる。今月でちょうどまる二年と二カ月がたった。最初の九カ月はウブドとゆーところに住んでいたが、あまりジャングルの緑が激しいのでギャロ（旦那ガスの愛称）がオーバードーズならぬオーバー・ネイチャー状態（〝シャイニング〟のジャック・ニコルソン状態ともいう。レッドラーム）になってしまい、こりゃやばいと今のセミニャックに引っ越した。

今月でまる十三カ月も島から出ていない。スキがあれば逃げるようにして、どっかに行っていたころから考えるとこれはほとんど〝島ごもり〟といえる。それなのに不思議とストレスがない。

ここの空気に毎日癒《いや》されてるってこともあるだろうし、子育てプラス仕事で毎日が充実してるってこともある。それに何より、ここ十八年ほどジェットエンジン搭載のボウフラのごとく激しい浮き沈みをくりかえしてきたあたしにとって、バリでの日常生活は人生初めて体験する〝精神的に安定している居心地のよさ〟を満喫する日々っていうのが一番強いかな。

東京の、カオスの真ん中に住んでたころは、日常とは闘争であったたし、その後イギリスにベースをかまえながらあちこちを旅していた二年半は、激しい鬱にとりつかれたまま果てしない夢のなかをさまよう夢遊病患者のようでもあった。永年悩まされてきたその苦渋がバリに来て以来すっと消えて、人生の美しさが晴れ晴れと開けた。不思議なくらいに。もしかしたらこれもまたひとつの〝台風の目の中〟状態なのかもしれないけど、享受できるうちにしておきたい、と思うわけです。

バリのよーな熱帯の小島（？）で〝島ごもり〟してると、〝文化的刺激〟のなさに飢えないか？　とゆーのはよく聞かれる。確かにアート系の本を漁《あさ》れる本屋もないし、レコード屋もない。イケてるパーティーもないし、前衛映画を見せるシアターもない。

だったら自分がメディアになろう！　と旦那とミュージック・プロダクションを始めた（まあ音楽はふたりともずっと昔から作っているけど）。こちらでやはり自分たちから何かをピコピコ発している人たちといろんなかたちでコラボレートするため、スパ用にアンビエントの曲を作ったり、バリを撮ったドキュメンタリーやファッション・ショー用（こちらにベースをおいているデザイナーってけっこういる）に音楽編集したり、けっこういろいろ広がってきて面白い。

三日まえに、ギャロのニュー・アルバム〝エレクトリック・オーシャン〟のCDラウンチ・パーティーがあった。プラーナとゆースパのなかのレストラン（といっても、マハラジャ風のおもろい建物）で、百五十人ほどが集まってくれた。ファンキーなパーティー・ピープルもいれば、リゾート・ホテルのGMなんかのビジネス・ピープル、それにペインターや、元〝Buddhist Punk〟のニックやPaul Roppなんかのデザイナー、ファッション系の人たちがほどよくミックスされていいパーティーだった。そういうそれぞれ違うジャンルの人たちが遅くまでわいわいと語らっているのを見ながら、思ったのは、ここのいわゆる〝インターナショナル・ヴィレッジ〃の住人たちはそれぞれのジャンルで自分をエスタブリッシュしている人たちも多いけど、それでも（だからこそ？）やっぱりみんなそれぞれ何か新鮮なもの、いつもとは違った脳の部分をくいくい刺激してくれる機会に飢えているんだなーってこと。

日本で味わえるよーな醍醐味のあるパーティーはできないだろうけど、あたしたちなりに人とジャンルをミックスするユニークな機会をこれからもっとクリエートできたらいいなーって思ってる。。

来年自分のレーベルを立ち上げるひとつの大きな理由はそれかな。できればインドネシアのおもろいアーティストも紹介したいし、それがカタライザー（触媒）になって、もっともっとハプニングが起こればいいなーって思ってる。

あー、まじめに日記かいたら疲れたー。今病みあがりなの。

ほんじゃまたー。

## 2004.12.14 14:39

### 今年やられた事件　トップ3

インドネシア社会で暮らしてると、まあいろいろおもろい（あとから考えると）出来事に遭遇するんだけど、今日はそのなかでも今年体験したあたしお気に入り（？）のエピソードを三つ選んでみようと思う。

その1

一月にこちらで娘を出産したとき、破水が先にきて急いで病院にタクシーで行き、ラバー・ルームの台の上で〝あの〜〜〜なんか痛みどめとかってありますか〟って聞いたら助産婦さんが〝これ〟って天井から鎖でぶらさがって、ゆ〜ら〜と揺れている鉄製の三角棒を指差した。あの、オリンピックとかで体操の人がつかんでぐるぐるまわるよーなの三角。これ握りしめて叫べってことなのね！　ママ魔マジで〜〜〜？？　と一瞬出産をキャンセルしたくなった。痛みには弱いんだもん。今三歳八カ月の息子アシャンティをイギリスで産んだときはラフィン・ガスのようなものを使った。痛みと混じって、へろ〜〜となって、そのとき旦那がラバー・ルームでかけてくれていたアンビエントの音がも〜〜超ぐるぐる@@@サイケだった。あれがすごかったので、ゼヒもー一回体験したい！　と思って聞いたんだけど残念。ネクスト・タイム？　ないよ。そんなの。

その2

一カ月ほどまえ、娘を予防注射に連れていったあと、そこのドクターが注射を娘にした五日まえに腸チフスにかかっていたという情報をあとからゲット。まじで〜〜と思っていたら、そのあと自分が腸チフスにかかってしまい、でも三日目にしてピザ、パストラミ・サンドイッチなどを平らげる自分を観察／知っていて平気でディナー（発病六日目とかで）やランチに招待してくれる友人たちにびっくり（さすがに辞退したけど）。ヴェルトリッチの映画（ポール・ボウルズの小説原作）〝シェルタリング・スカイ〟の主人公がチフスでモロッコで悲惨に死んだイメージに〝これは大事件〟と自分で思っていたあたしはまだまだナイーブなのかも！！！

その3

我が家は、電気／電話料金をバリの銀行にあるあたしの口座からの自動引き落としにしてるんだけど、このまえ、銀行から届いた明細書をチェックしていたら電気料金がWで（二回同じものが）引き落とされていた。これミスだろ〜〜と怒ってクレームにいったら、〝そうでした。すいまへん。でももうその分戻してありますよ〟とのこと。もう一度明細書を見てみたら、確かに下のほうにワケわからん内訳でひっそりと金が組み戻されている。担当者の〝あ、やべっ！！〟という顔がみえそ〜〜で笑ったけど、その金額が微妙に少ないんだよね。間違えて引き落とした分よりも。誰のとこにいっちゃったのかな〜〜〜〜


こんなところでしょーか。

来年はもっとパワーアップ／バージョン・アップした小話を採取できるといいな〜〜〜。

んじゃ。

## 2004.12.17 02:25
## SEQUENCY

とーとー本格的な雨期がやってきたらしく、スタジオの窓ごしに椰子の木を伝って滝のように流れ落ちている雨が見える。きのう、待望のロジック7（ギャロとあたしが使っている音楽ソフトウェア。logic proともいう）をゲットしたので今夜はそれをいじっていた。ロジック6もまだ完璧に使いこなせてないのにさー、もー。技術の進歩早すぎ〜〜と、ぶつぶついーながらも新機能／新プラグインに〝おお〜〜〜！！〟と旦那とふたりでコーフン。なかでもsculptureがすごい。まさに三次元音の彫刻。しかも各内蔵エフェクターやヴァーチャル楽器類がヴィジュアル的にもかなりサイバーでイケているので、そのデザインを眺めているだけでも飽きない。ヨダレがでそう。podなんてサンプルCDはもういらなくなっちゃうんだなー、とかオタクな分析に夫婦でハマる熱帯の夜。やはり、言語の壁だのなんだのをブッチぎる、円満の秘訣はコレにつきる。〝夫婦でオタク〟。断言できる。

これで勢いつけて遅れまくってるゼンレモ（注：ゼンレモ＝Zen Lemonadeの略。ギャロとふたりでやっているテクノ・ユニットの名称）のセカンドなんとか来年前半には仕上げないとなー。ハンフ／ユース（注：ハンフとは、ゼンレモのファースト・アルバムを二〇〇二年にリリースしたロンドンのドラゴン・フライ・レコードのディレクターで、ユースはその〝とんぼ屋〟の店主）ごめんよー待っててね〜〜！

と、今夜は程よく疲れたのでもー寝ます。子供寝てからの秘密の花園遊びもこのくらいにして。。。

ナイナ〜〜〜イ！！！（アシャンティーのまね。グッナイーとまだいえない）

## 2004.12.19 23:30

### マーメイド

我が家では今、二十代半ばの三人のバリニーズの女の子たちを雇っている。ふたりが通いで来てくれているイルとコマン、あとのひとりがもう一年以上もあたしたちと同居していて家族同然のケテュット。

あたしたちが仕事しているときにアシャンティやエマを見ていてくれたり、家事を分担して手伝ってくれたり、インドネシア語がまだまだしゃべれないあたしのアシスタント的な立場でサポートしてくれる彼女たちがいるおかげで、どんなにか助かっているかわからない。そしてそれ以上に、彼女たちとの毎日はまるで〝寅さん〟に出てくる〝なんとか屋（名前忘れた）〟でさくらだのなんだのが大騒ぎしているシーンかなんかのよーに小さなドラマにあふれていて、楽しい。

この三人娘プラス旦那、あたし、ふたりの子供で昼間は最低でも七人の人間が家にいて、時にはそれに三人娘のうちのひとりイルのふたりの息子や近所のキッズなんかが加わって、もー毎日がサーカスのよーな騒がしさである。

ケテュットはバイクで一時間離れた村の出身、イルとコマンはバイクで飛ばしても四時間はかかるというバリ島の反対側にある村の出身である。イルとコマンはそれぞれ結婚していてうちの近所に住んでいる。会話が成り立つ程度の英語が話せるのは唯一ケテュットのみだが、それでもケテュットを通訳にしてイルやコマンとあれやこれやについてつらつら話すのは楽しい。

彼女たちはヒンドゥ教徒なので、セレモニー、大切な宗教儀式が執り行われる日には村へ帰るのだが、これがまた実にしばしばある。そのたび今回は何々の日だったと教えてくれるのだが、まったく覚えられない。アシャンティはウブドにいたころからたまにそーゆーセレモニーに連れていかれていたせいか、このあいだセレモニーの衣装を着た小さな男の子の写真を偶然見たとき、いきなり胸のまえで手をあわせてお祈りするまねをしてケテュットを感激させていた。

彼女たちのカルマ感もあたしのそれより何倍か強く、あたしがあたりまえのよーに物事に対して抱く感情についても解釈が違ったりして興味深い。

たとえば、イスラエル出身の友人がバリニーズの孤児や難聴児、ハンディキャップ・チルドレンをたくさん招いてパーティーを開いたときのこと。ハンディキャップ児たちとはヒッピー系の友だちが持ち寄ったジャンベなんかを使って音を思い切り、彼らがナチュラル・ハイ状態になるくらい長時間リズムをプレイしたり、難聴児たちとは大きなスピーカーのまえに立って背骨の振動を通して音楽を感じ踊ったり（彼女はそーゆーセラピーの専門だったそう）。。と参加したあたしら健常者にとっても〝なるほど～～こーゆーふーに一緒に遊べるパーティーなんて素晴らしーアイデアだ。。〟と感激するよーないい催しで、帰ってからこれこれこーだったんだよ～～と説明しても、いまいち彼女たちにはピンとこない様子。

ん？　と思って聞いてみたら、ヒンドゥの考えでは、前世での行いゆえに、今生では恵まれない状況のもとに生まれてくるのであり、社会的にもそーゆー人々に対して、同情心はあまりないのだとのこと。だから、あたしが感激して話すそのパーティー自体、〝素敵なことだ〟とはあまり感じていないよーなのだった。この見解についてはいろいろ考えさせられた。

黒魔術もたまに話題にのぼる。バリニーズのあいだでは家族に何か不幸が起こるとスピリチュアル・ドクター（シャーマンのよーなもの）、デュクンにお伺いをたてる。

イルの旦那が二週間も具合悪くなったときも〝検査を一度きちんとしたほうがいい〟というあたしたちの意見をものともせず、デュクンに見てもらう、とはるばる村まで連れてかえり、お伺いをたてたところ、村の嫉妬深い誰かにブラック・マジックをかけられたのだといわれたという。でもそのあとデュクンにお祓い＋処方薬をもらったところ、イルの旦那はたちどころによくなってしまった。興味深い。

このまえ、夜みんなでTVを見ていたときのこと。衛星放送ディスカバリー・チャンネルの〝アンダーウォーター・ワールド（海中世界）〟とゆー番組で、極彩色のおさかな君たちにエビに貝が舞い踊り。。とゆー映像に〝あーキノコちゃん食べてシュノーケリングしてーなー〟と思いつつアシャンティとうっとり見入っていた（嘘。奴はとなりで二匹の恐竜のオモチャに闘いをさせていた）。あたしがふと気づくと、コマンがまるで食い入るかのよーにじーーっと画面に見入っている。

〝海好きなの？〟ときくと、大きく首を縦に振って〝大好き、大好き〟という。

ケテュットに通訳してもらって話を聞くと、彼女のお父さんは漁師で、海のまんまえに家があり、三人いる妹ともども、小さなときから毎日海で泳いでいたのだという。水中マスクだけつけて、最低でも二時間は素潜り／泳ぐのが日課だったそうだ。彼女の体は小柄だけどがっしりと筋肉質で、昔、瀬戸内海で見た海女を彷彿とさせるのだが、それも納得がいった。

〝泳ぐのが恋しい〟というので、ではたまにプールとかで泳いだら？　といったら首をぶんぶん振って〝いやだ〟という。どうして、と聞いたら、〝海では自在に泳げるけれど、プールではどうやって泳いだらいいかわからない〟からだという。なんだかとても興味深いと思った。

彼女はそのあと、餌を魚たちにやるとき、体を小さな口でつつかれてくすぐったかった話や、大きなウミガメに逢ったときの話や、あれやこれやの海中での出来事を、ふだんおとなしい彼女とは人が変わったようにいきいきと興奮してしゃべり続けた。

彼女ははっとするほど美しい顔立ちをしている。目鼻のつくり自体がまずもって際立って整っているのだけれど、それ以上に、なんというか、毒素が内部に蓄積されていない人の持つ輝き、というか、そういうものがある。非常に瑞々《みずみず》しい美しさだ。自分の美しさにもとんと気づいていない様子で、うすく眉間に皺を寄せながら何やらバリニーズ語でしゃべったあとに屈託なく笑うのを見ていると、うっすらと額にかいた汗などもあいまって、朝露のついた蓮の花を盗み見てしまったような、そういう印象が残る。

彼女はまだ一年ちょっとまえに結婚したばかりなのだが、夫は結婚後すぐに出稼ぎで韓国に行ってしまい、帰ってくる気配すらないのだという。電話も月に一度あるかないかで、このまえ、朝沈んだ顔をしていたので、聞いたら、久しぶりに電話が夕べきたのに、あと二年は帰れないといわれたという。

〝あたし、コリアにいきたいよ。コージ〟と、うつむいていう彼女はそのときでも美しく、こんなに匂いたつ花のような、若い彼女のそのせつなさが、こちらにも胸を突くように伝わってきた。

海の話を夢中になってしているときの彼女は、あのときとは別人のように晴れやかで、自分の生来持っている生命力がいきいきと、内部からあふれだしてくるのに自分もこらえきれず、身振り手振りを交えていくらでもしゃべり続ける。

彼女をふだん見るとき、ある種の近代電気製品などに対してすこしぶきっちょな感じ、モダン・テクノロジーのエレメントとはどう対峙していいかわからない、といった印象をよく受けていたのだけれど、それも納得がいった。そうか。彼女はマーメイドだったんだ。

## 2004.12.21 14:42

### 食材遊び

病（腸チフス）からやっと回復したよーで、ひさびさにエナジーな気分＝活動再開。来年立ち上げるレーベルのウェブのデザインの打ち合わせをデザイナーとしたり、昨日はレーベル第一弾となるチル・コンピのなかに収録予定の〝アフター・ザ・タイド〟という曲用に友人の声をレコーディング（注：レーベル第一弾はあたし自身のアルバムに変更になった）。

彼女はスペイン育ちのイギリス人なので、あたしが彼女に読んでもらいたいと思って書いた詩をスペイン語に訳してもらって囁き声で読んでもらったら、イメージどおりというか、それ以上にハマって大満足。

あたしはこの曲を作っているとき、マリアンヌ・フェイスフルみたいな女巡礼（？）がどっかファーラウェイーな異国で詩の朗読してるイメージ（？）で作ったんだけど、それより全然かっこよくなった。こういう感じでに自分の予想をいい意味で裏切ってくれるケミストリー、化学反応がおこるので、他人との音楽コラボはほんと面白い。

特に、あ、あの人をフューチャリングしてやりたいな、とその人のイメージを想定して作った曲が実際にその人が参加してみると、予想外の錬金術が起こって感激。。という場面にソーグーするたび、これって最高に贅沢な遊びだなーって思う。なんてゆーか、自分がシェフになって、おもろい食材手に入れてうきうき～～っていう感じなのかな？　この声にどんなエフェクト乗っけよーかな～～わーいわーい自分のコンピュータに取りこんでいじるの待ちきれなーいっていうわくわくした感じ。
楽しい〜〜〜〜@@@やめられな〜〜〜〜〜い@@

（注：このしばらくあとに津波があり、この曲のタイトルは〝After The tide〟から〝La Maria〟に変更になった）

## 2004.12.22 02:12
## トーキョー・ダイヴ・ワープ

今日やっと待望のＶＪソフト〝motion dive tokyo〟を入手！　ジャカルタ在住の知人ジミー・ウイング（昔日本にも住んでいたフォトグラファー／ＶＪ）にやれやれー、おもろいぞー！　とすすめられていたもの。入っている映像がもうトーキョーしてて、すっごく面白かった！！！　もう日本ではみんな使っているんだろーけど、バリではまだまだＶＪ自体がいない。日本のパーティーの何がなつかしいかって、あの音と映像のハイクオリティーな錬金術！！　昔ＶＪ業をちょこっとかじっていた（ほんとに齧《かじ》るって程度）あたしとしては、なんかまたＶＪもやりたいなーと思ってて、来年hikariのチエミちゃんとフリースタイル／アンビエントの定期パーティーを始めるので、そこでＶＪ復活しよーかなーと考えている。ゼンレモ／ソロのライブ時に音と自作の映像とかもミックスしてもいいかなーとか。でもまだまだ映像づくりの知識は少ないので、ベンキョーせねば。。ベンキョーきらいなんだけど。。。

## 2004.12.24 17:18

### 熱帯パーティー事情

昨日はチャンプルーな一日だった。

まず朝六時にエマ（十一カ月）＆アシャンティ（三歳八カ月）にぺたぺたと顔をたたかれ起こされ（早起き苦手なんでふ）、朝ご飯／シャワーのあと、アシャンティが今凝《こ》っている〝恐竜のコラージュ〟の助手を二時間ほど務めさせられる。ネットで検索／プリントアウトした恐竜君たちをハサミでちょきちょき、色ぬったでっかいキャンパスにぺたぺた。はっと横見るとエマが紙くずを口いっぱいに頬張っていたりするのでスリルも満載。

そのあとスタジオでちょこっと曲のアレンジなぞやってから、ここ一年半ほどレジデンツを務めているクーデターでＤＪ。今日は午後十二時〜午後四時まで。ここはオベロイの海のまんまえにある半分アウトドアのバー／レストランなんだけど、毎日昼から深夜まで二〜三人のＤＪがまわす。面白いのはサンセット時（午後五〜七時ころ）。子連れのパーティー・ピープル、トラベラー、さまざまな職種のエキスパ（移住者たち）が集まって、芝生のガーデンで（多いときには二〜三百人くらい）ちょっと踊ったり、グラス片手にうろうろしたり。キングサイズのデイベッドに寝転がって、あちこちでオシャベリに興じたり。。とサロン的な雰囲気が高まる。最近かなり観光客が増えてきたんだけど、でもまだまだ面白いかな。ここではアートマンからマリンパレードのテクノから、はてはラテンやジャズやボサノバまで自在にまぜてかなり遊べるので、おうち／スタジオから出て息抜きするにはちょうどいい。いろんな人にも会えるし。

そのあと家に帰ってキッズと遊び、ご飯／寝かしてから、新しくオープンする〝Fuel〟とゆークラブ／バーのグランド・オープニング・パーティー（こっちってなぜかグランドって頭につけるんだよねーバーゲンみたい）でＤＪ。午後九時〜十一時まで。これはクタの、〝バリ・ボミング（バリのテロ爆破事件）〟があった跡地（とゆーか隣り）に建てられたもの。話がきたとき、そのロケーションにわざわざ〝燃料／ガソリン〟なんていう名前をつけたクラブを建てるその感覚にかなりあきれてたんだけど、紹介されたオーナーのトニーというイタリア人はやたらナイスガイで、内部の感じも他のクタの観光べたべたなヴェニューにはないスマートさがあってけっこう好きだった（とはいってもかなり六本木のガスパとかイズントイットとかを思いだすのだが）。フリースタイルで楽しくまわさせてもらう。客はインドネシア人／エキスパ／ツーリストまじえて四〜五百人ほど？　知った顔もたくさん見える。

クタあたりである、こーゆーパーティーはどっちかってゆーと〝イベント〟の色が濃い、とゆーか、いろいろごちゃまぜでオッカシイ。このまえ、旦那とこちらのフリー・マガジン〝Beat〟が主催したパーティーでまわしたときはすごかった。あたしらがジョン・リー・フッカーのブルースからエレクトロまでまじえたロックキャバレット・セットまわしたあとこっちで大人気のインドネシアン・パンク・バンド〝Telephone〟（彼らはあたしらの作ったエレクトロな曲の最後のほうからそれにかぶせてジャムってくるという登場方法）と、同じくインドネシアで人気上昇中のパンクバンド〝Superman is Dead〟ががんがんやって、そのあとファッション・ショーで、そのあとはぶいぶいぶいーのヒップホップＤＪ責めでぎっしりフロアはもー野菜も肉もまるめてバリ団子のぐちゃぐちゃ煮チャンプルー状態。濃かったわ〜〜〜アレは。

昨夜もファッション・ショーはやっぱりありましたん。あと、トライバルな音をかけたら超ミニのサンタクロース娘たちが四人、走りでてきて黒いパンツ見せながら乱舞パフォーマンスを始めましたん。クリスマスまえとゆーことで。

ま、こーゆー〝企画もの〟系のパーティー、クラブである普通のパーティーのほかにもバリではしょっちゅう（ハイシーズンにはほとんど毎日のよーに）どこかでパーティーが開かれているんですが、その内容も実にさまざま、チャンプルーです。

まず、野外であるトランス・パーティー。これは大きいものでも四百五十人くらいかな。フルムーン、ニュームーンなんかのパーティーをオーガナイズする常連人がだいたい五、六人くらいバリにはいて、そのうちの誰々が今度の満月にはやるらしーよー、とどこからともなく情報が入ってきます。場所はプロペラ飛行機で四十分飛んだ隣りのロンボク島からさらにちっこい漁師ボートに乗り換えて四十分くらいのキレーな小島であったり、ウブド近くの温泉であったり、海に突き出た洞窟（といってもホテルの敷地内でエレベーターにのって降りてゆく）であったり、プールのあるレストランだったり、聖山のヴォルケーノな山裾だったり、さまざま。あたしも妊娠七カ月目のおなかでアシャンティ&ケテュットを車に乗せて三時間運転していったりしたな～。でも、デコはこてこてこてこ～～～で、ガネーシャ・バックドロップ炸裂！系ばかりなので、それで何となくわけもなく落ちてしまったりするので、最近は話がきてもあまり参加しなくなっちゃった。

あと、クーデターなんかのレストランが主催して行うビッグ・パーティー。これはＶＪスクリーンや照明／レーザー／サウンド・システムなんかもけっこうクオリティ高く、千五百人くらいお洒落した人で賑わいますが、音はかなりコマーシャルなハウスです。ま、シャンパン飲んで騒ぐにはいいけどね。

それと、毎日どこかのヴィラ（いわゆる人んち）で開かれているホーム・パーティー。これはまー小規模／サロンっぽい。でも、なかにはツワものがいて、レーザーにちゃんとしたサウンド・システムいれて八百人くらい〝ダチのダチ〟まで集まって、全部ただ酒で。。とゆーのをやったのがいたなあ。まーそーゆー人所有のヴィラとゆーのは、なんとゆーか敷地がサッカー場ぐらいありそーな、映画にでてくる〝コロンビアン・ドラッグ・シンジゲートのボスのカリブの豪邸〟みたいな感じのとこなんですね～。は～。

あたしが今年いちばん楽しかったのは、八月に年一回開かれる野外のテクノ・パーティー、〝CAST AWAY〟かな。これは今年で二回目、昔の石切り場を会場にしてオールナイトで開かれたもの。今年は三千人集まったとゆーことです。

このパーティー、オープニングで延べ千人のバリニーズ男子がフロアの真ん中で半裸で輪になって座り、手をひらひらさせて体を左右に揺すりながらチャンティングするケチャで始まり、そのパワーには見た人みんな鳥肌立ったそうです（あたしは惜しいことに見逃した！！）。あとで録音されたその音を5・1サラウンド・スピーカーで聞いたんだけど、地のそこからぞわぞわぞわ～～と立ちのぼるような群声で、あたしも鳥肌立った！

ここは場所自体がかなり劇場みたいなんだけど、そそり立った石壁の上に巨大な〝ガルーダ（聖鳥）〟の彫刻があって、それに赤い照明／踊り狂うひき肉のよーな人波にレーザーびゅいびゅい、とゆーのはかなり非日常度高くよかったです。サウンド・システムも素晴らしく、ひさびさに〝下腹部を球体状になったベースでぼいんぼいんとキックされる〟歓びを満喫しました。音はかなりダークでミニマルなテクノ中心で（トランスはほとんどなし）、それもバリでは新鮮で面白かったでふ。

でも、どのパーティーでもフロアはひとつしかないのですなー。日本やヨーロッパ、オーストラリアのパーティーのよーに、ダンスフロアとは別に異界のよーなチルアウト・エリアがある。。っていうパーティーは皆無です。そーゆーの、そのうちやってみたいですなー。

あらー、気づいたらかなり長く書いてしまったー。
そりではまたー。

## 2004.12.26 13:47

### フラクタル恐竜

あ〜〜〜〜〜〜二日酔い。
うちは自称インチキ・ブッディストなのに、おとといクリスマス・イヴの夜から爆僧でした。あ、走。
キッズも寝静まった十一時すぎ、ヒカリのデイヴィッド&チエミ夫婦がワイン持参で登場。娘ジョテイ（四歳）寝かせるのに時間かかったとか。アシャンティにとプレゼントをいただく。聞くと、スペーストライブのショップで見つけた恐竜のぬいぐるみ、しかもフラクタル模様！！　なんだって。わあああ〜〜〜@@@
〟ジョティのプレゼント物色しにいったんだけど、それ見た瞬間、こここれはアシャンティーって思ってさ〃とデイヴィッド。ありがとー！　明日開けるのが楽しみ（あ、あたし用じゃないか)。

スタジオで四人でワインを飲む。ギャロはデイヴィッドにロジック7がすげーよーと説明しつつ、今とりかかっているゼンレモの新曲を披露。ふたりで盛り上がっている。このふたり、バリにうちらが引っ越してから初めて会ったんだけど、今ではすっかり大の仲良しになってしまった。うちにふたりが来ると、旦那たちはスタジオで音楽鑑賞、チエミちゃんとあたしは日本語おしゃべり満喫！！　とゆーパターン。

十二時半ころ、俺仕事するーとゆーパパギャロを残して三人でおでかけ。クーデターのクリスマス・パーティーにいったんだけど、音がかなりコマーシャルなハウスでどーも踊れん。でもシャンパン／徐々にやってくる友だちとおしゃべり。チエミちゃんはシャンパンをまるでおちょこの日本酒のよーにくいくいっと空けてしまう。二時半ころから音のほうもちょいあたし好みになってきたのでくいくい踊り、結局お開きまでいてしまった。

翌朝、キッズはプレゼントに大コーフン。例の恐竜君は青いうずまきどこまでも〜〜の立派なフラクタルぶり。かわいい！

それからケテュットやイルも一緒に家族みんなでサンタの来るパーティーに行く。しかし二日酔いのあたしはなんだかとびまわる健康なカンガルーの集いに一匹まぎれこんでしまったウミウシのよーな気分。ずるずる〜〜あ、〜〜こっち見ないで踏まないで〜！と思っていたら、他の知人友人も皆、サングラスもしくは視線の焦点が合っていない。健康そうな家族連れのなかに点在して生えるエノキダケ。皆昼さがりの光の下、青ざめてみえる。

まー夕べはそこらじゅうでエキスパ主催ばか騒ぎが繰り広げられていたので、皆ばかの梯《はし》子《ご》をしたもよう。ひとり、パーティーの手伝いをしている知人はあまりに行動が不審なので大丈夫〜?と聞くと、

〝え〜？　んふ〜〜〜。。。〟といったきり手を静止ロボットのよーに空中にフリーズさせたまま絶句してしまった。それを不審な目でながめるムスリム／ヒンドゥのウエイター／ウエイトレス。彼らが信仰上のギャップを笑顔でくるみながら雇用主から支給されたサンタの帽子をかぶらされているこの眺めもシュール。強いていうと、たとえば〝体の自由がきかなくなってしまったおじいちゃんが車椅子に乗せられて参加した家族のクリスマス・パーティーで、変なお面（もしくは帽子）をむりやりかぶらされ、でも手の自由がきかないのでそれを取ることもできず、そのまま家族集合の写真の中央におかれたあと、みんなお面を外すのを忘れてしまった〟というやうな無抵抗さ、といったものが感じられる。

そんなことをつらつら考えているあたしのまわりでキッズたちは、もーお猿の軍団のよーにサンタ／赤いスカートの助手を取り囲み飛び跳ねている（エマもこんなにキッズが集まるのを見たことない／サンタに目が釘づけでふらふら〜と酔っぱらいのよーな千鳥足であちこち徘徊）＋酔いもまわってうつろな目つきの両親多数。

そのうち、あ〜行ったことないけどアメリカのコニー・アイランドってこういう感じなのかなあ（同じ桟橋＋遊園地でもイギリスのブライトンではないのよね。なぜか）という寂寞さがなぜか立ちのぼってきたので、帰ることにする。

家に帰ったらさっきはもー背をまるめた老人のよーに覇気がなかったギャロもいきなり元気いっぱいになった。そこでまたキッズと遊ぶ。

アシャンティはパーティーで知人から小さな恐竜のぬいぐるみを三つもいただいた。彼女の店のオリジナルで、インドネシアのバティック布でつくられたもの。早速それをフラクタル恐竜と並べて遊んでいる。

フラクタル恐竜ＶＳバティック恐竜。

今夜夢に出てきそ〜〜〜。

## 2004.12.27 02:12
## ヴィレッジの住人たち

今クーデターでの六時間半ＤＪセット（午後四時〜十時半）を終えて帰ってきたところ。さすがにチカレた。病欠の他のＤＪの分をカバーしたのだけど、ドアーズのリミックスからドラムンベースからフレンチダブからボンゴないやらしアンビエントまでひっちゃかめっちゃかかけてオモロかった。今日のサンセットはかなりパーティー・ピープル度高し。やはりハイシーズン。これがバスでやってきたアジアン・ツーリストばかり。。ってときもあるんで、ほんと毎回予測不可能。とんち問答みたい。

もうキッズは寝ちゃってる。疲れているのに帰って速攻これを書きはじめている自分がよくわからない。もうこれは日記ジャンキーですね。どれくらい続くかわからないけど。

今日の午後、アン・マリーが我が家全員分のプレゼントを持ってやってきた。彼女はギャロの二十五年来の友だち。現役、筋金入りのパーティー・アニマルであり、お楽しみをひとつも逃さないとするその行動指針はハード・コアとさえ呼べ、体力はタフそのものだ。何しろやり手のビジネス・ウーマンと夜遊びを何年も完全に両立してやっているのだ。彼女を二十五年来知っている人は彼女を伝説の猛者《もさ》と尊敬すら込めていう。何でも八十年代後期、全世界の薄暗い地下世界、クラブでアシッド・ハウスの音爆弾が炸裂し、ネオ・サマー・オブ・ラブが加速していったころに、メルボルンで彼女はまだオーストラリアでは誰も知らなかったエクスタシーをいちはやく皆に紹介してまわったのだという。

昼間はオフィス用にタイトにまとめていた金髪を夜はナンシー・シナトラ並みにふくらませて、乳首をようやく隠す程度のビキニ・トップにとんでもなく股の切れ上がったホット・パンツにロング・ブーツ。銀のトレイにてんこもりのEを乗せて、ドクター・バロウズから派遣された臨時ウエイトレスさながらの若きアン・マリー。てっとり早い精神解放革命サイドよりの使者。ドグマなき宗教、ダンスによる日常意識レベル突破という実験を、あの冷たい微笑みをたたえた薄い唇で勧める武器を持たないテロリスト。素晴らしい。

もう四十代なかばの彼女だが、今でもすらりとした体つきにちょっとパンキーなTシャツをスマートに着こなしている。

パリやニューヨーク、いろんな場所で暮らしてきた彼女の話はいつもおもろいんだけど、今日のは味わい深かった。

〝クリスタルで七面鳥を選ぶホームレス〟という話。

彼女は昔カソリックの学校に通っていた。しかし父親は断固たるヌーディストなのだそうだ。信念をもってその生き方を貫いていて、彼女の子供のころは週末というとホームタウン、シドニー郊外のヌーディスト・ビーチに家族で出かけるのが恒例になっていて、それは彼女の人格形成に多大な影響をおよぼしたらしい。

まー、カソリックの献身的なこころ+アバンギャルドな人々に対する免疫がひときわ強いんですね。

で、そんな彼女もニューヨークに住んでいたころ、クリスマスとゆーことで、フレンチのゲイの友人と、カソリック教会主催で毎年開かれる、ホームレスのための〝ただクリスマス・ランチ支給パーティー〟のボランティアとして参加したときは自分のキャパを試された。会場はマディソン・スクエアガーデンで、二千人ほどのホームレスが集まったのだが、彼らの態度に彼女は吹っ飛んだ。

ルード、ルード、スーパー・ルード！　よみがえる記憶に目を閉じるアン・マリー。

彼女のゲイの友人は、クッキー・コーナーに配置された。押し寄せる人々。〝てめー、ククククッキー、チョコチップクッキーよこせー、ファック、そらーナッツクッキーだろー、ファック、ファファファファック、ファーク、ち、チョコチップー！　そーだ、そーだー！　もっと、よこせー、アー、スローな奴だなー、このおかまー！！〟

口角あわをとばして叫ぶのがいるかと思えば、かわいそうなその友人がもっとクッキーのハコを空けようと後ろをむいたスキに、ポケットに入るだけのクッキーを詰めこむ奴もいる始末。

ビニール・バッグ、ショッピング・カート、ペット同伴の人波はひしめき団子状になって押し寄せ、友人は何もキメずにここへ来てしまったことへの後悔に気も遠くなりかける。

そのころ、アン・マリーは。

彼女の置かれたシチュエーションはもっと〝禅〟であった。

彼女は配置された七面鳥のロースト・コーナーにいる。目のまえには、映画〝ダーク・クリスタル〟にでてくる、一つの眼球を嵌めまわしながら暮らしているあの三人の魔女みたいな格好をした（これはあちくしの想像だけど）、中年の白人ホームレス女性。

その魔女は首からぶらさげた、でっかーいクリスタルを一枚一枚皿の上にかざしては、どの七面鳥のひときれがいちばん〝グッド・エナジー〟か、調べているのであった。

〝んー、こりはだめだね。バッド・エナジー、バッドバッドバーーーッっっっドッ！！こっちは、アー、いまいち弱いね。こりも。。駄目駄目、あたしゃもっとハイエナジーな奴じゃないと食えないよ！！　グッドなエナジーッっ！！〟

差しだす皿をすべて却下する魔女にカソリックな心もちではないもう一人のアン・マリーが目をさましいい放つ。

〝あんたね、あっちでゴミ箱あさってらっしゃいよ。そっちのほうが早いわよ〟

結局彼女はその言動を背後で聞いていた教会関係者によって〝早退《はやび》け〟させられたそうである。


なのだが、数年後、彼女はパリでまたもやボランティアなクリスマスを試みる。今度は当時の恋人が一緒。

今回のミッションは、ルーマニアという貧しい隣国（当時）へ送るためチャリティーとして寄付された衣類をパッキングする手伝いをすること。チャウシェスク政権が崩壊し処刑された独裁者の血もいまだ乾いていない彼の地には、寒さをしのぐ満足な上着にすらことかく人々がいっぱいいる。

集まった山のような衣類を種類別にわけ、梱包する作業は果てしもなく続く。

ところが。

何の手違いか、ボランティア一同が会場まで着てきて脱いだコート／ジャケットの山がそのままそっくりパッキングされて、第一便でルーマニアに送られてしまったことが数時間後判明。怒り狂うアン・マリー。彼女のブランドもののコートのポケットには、アパルトマンの鍵、財布、免許証、全部入ったままなのだ。

〝じょじょジョーダンでしょー！！　今すぐ送り返すよう手配してよッッッ！！〟

しかし教会関係者は、〝まあ、あちらの人たちは何もないんだからそのくらい。。〟とシュールな答えだったとか。パリの鍵もらってどーするというのだろう。。。。

〝それでどーしたの？〟あたしが聞くと、彼女は首をすくめた。

〝結局しゃくだからさ、一番金目の寄付衣類がつまったハコからカシミアのスカーフみつけてガメた〟そうである。

それを横で見ていた他のボランティアが、〝それは。。。たぶんそれを重宝するかわいそうな人たちがあっちにはたくさん。。〟と恐る恐るいったときも、一言、

〝知ったこっちゃないわよ〟といったそうである。

〝それで、その体験からキリスト教はもう二十一世紀にはフィットしないんじゃないかって考えにやっといたったとか？〟

あたしがお茶をすすりながら尋ねると、彼女は首を振って答えた。

〝とんでもない。あたしはカソリックよ断じて〟

ふーん。〝でも慈愛の教えならブッダも説いてるよ。ブッディズムにはてんで興味ないの？〟って聞いたら、ないんだって。

理由は、〝ジーザスのほうがセクシーだから〟

だって。

なんだかなー。

ま、こーゆー人もこの〝インターナショナル・ヴィレッジの住人〟のなかにはいます、とゆー話でした。

それではもう寝まーす！！

## 2004.12.28 15:54
## Tsunami

おとといスマトラで大きな地震／津波が東南アジアの広大な地域を破壊したことを、きのう朝になって知った。

そういえば、DJやってたとき、そこのスタッフが〝スマトラで地震があった〟っていってたんだけど、こんなに大規模な災害とは思わなかった。バリは物質的ダメージなかったもよう。

ケテュット、イル、コマンたちとニュースに釘づけになって見る。CNN、BBC、どこも〝ASIA TSUNAMIS〟とテロップ入りで速報を伝えている。インドネシアのニュースはエンドレスで次々入ってくるライブ映像を流し続ける。バリ爆弾事件のときもそうだったんだけど、こちらには〝映像を選んでから流す〟という感覚がないようで、どんなに悲惨な映像でもかまわずたれ流す。何十人もの溺死した子供たちのボディが手足、顎を白い紐のようなもので縛られてどこかの床に横たえられている映像が繰り返し繰り返し映ったときには、イルたちはとうとうすすり泣きだしてしまった。

今見たばかりのニュースによると、全体で二万二千人以上亡くなっているそうだ。今、ギャロのこれまた二十五年来の友人／レットがクッキングしたばかりのボロネーゼ・ソースを持って現れた。彼はもう何年も一年の半分をプーケットで過ごすパターンで暮らしているので、当然彼の地には友人もたくさんいる、心配だと顔を曇らせる。

プーケット隣りのさらに小さい小島ピーピーはニュースによると、〝コンプリートリー・ワイプド・アウェイ〟（完璧に洗い流された）、とのこと。ギャロがチェックしているネットによると、ピーピーのあった場所は、

〝totaly flat, just water〟（まったくひらべったく、水だけ）しか見えないそうだ。

と、いうことは無数のロスメン（民宿）、ホテル、レストラン、人々は？

ピーピーで小さなレストランをやっているフランス人の友だちの顔が浮かぶ。彼はどうなったんだろう。

きのう、朝ニュースを見てから、家から歩いて三分のとこに住んでいる英国人ルシエンの娘の誕生日会に家族一同で行った。

これまた三十人くらいの子供＋親たちが集まってすごい騒ぎだったんだけど、そこで久しぶりに会ったジェナインは、サーファーの兄が今スリランカに住んでいて、連絡がとれない

といっていた。災害直後だし、生きていても他の被災者たちの救済にかけまわっているのかもしれないから、いたずらに心配するのはやめることにしたといっていた。

きのうはそのあと、某所で三時間半DJをやってから、これまた近所（ルシエン宅からさらに徒歩二分の場所）にある友人ティムのスタジオで、パーカッショニストのレコーディングをする。あたしのコンピ用の二曲とギャロのエレクトロニカ二曲で素晴らしいパフォーマンスをしてもらう。帰ったら夜中の三時だった。

キッズはケテュットとすやすや寝てる。

## 2005.01.04 00:57
## 熱帯パーティー事情その2／蓮の上にも二〇〇五

あけたあけたあけた〜〜〜い！！

皆さんあけまひておめでとうございます！！！！

とはいえ熱帯のここは、お正月というのにダラダラ暑く、緊張感まるでなし&筋肉弛緩しっぱなしで何かこー空けたっ（あ、明けた）て感じがしないのですな。

カウントダウンはもう三日まえのことなのですが、今日あたりでやっとパーティー・アイランドの馬鹿騒ぎも落ち着いた感じです。引っぱりすぎだよミンナ。。。

カウントダウンの瞬間は、家族／友とも離れた某所でひとり寂しくＤＪしてましたが、そこを一時半に出て車に揺られ四十分、クーデターへ行ってみると二千人の東西上下国籍ごったまぜ肉団子状態の人々がいやらしハウスで阿鼻叫喚状態。あひゃー。

フロアを徘徊してると、いるいる、レット、アン・マリーはもちろんヴィレッジの住人せいぞろいで壊れてる。クオンタム・リープのイランにイタリアン・トランス・ドンファンのミケーレを発見。あたしの焼き肉友だちミドリちゃん（イランのパートナー）はおうちで寝てしまったもよう。はい。ウチの旦那も某所でカウントダウンＤＪしたあとおうちに帰ってしまいました。アタシひとりここで野獣放し飼い。。と思いきやヒカリのチエミちゃん登場。彼女の夫デイヴィッドは昨夜娘とともに一足先にニュージーランドに行ってしまったので、寂しさもあってか（?）弾《はじ》けてる。アタシもシャンパンをボウフラ・エンジンに投入し、浮遊モードからジェット使用へと素早くギアを変速。ゆらゆらぶいんぶい〜〜〜ぎゅわーーーーん〜〜！！　あーアガってきた。。　踊るアタシのまわりはねー、エキスパにトランス・クルーにジャカルタ直送のゲイ君たち、バニーの耳つけたユーロ・トラッシュ、オーストラリアン観光客。。。とワケわからんミネストローネ・スープ状態でやんした。でももうちょいカッコいい音で踊りたかったなー。

さて、朝も四時近く。残念ながらあたしはそこで力尽きてしまったんですが、サヴァイブ組は皆そのあと66（バリで一番大きいハコ）に流れたもよう。

ここはふだんから、ローカルすなわちインドネシアンの客とガイジンの率が半々くらいでかなり濃い場所です（バリで一番下品な場所だという人もいますが）。フッカーちゃんたちに即席ゲイカップルにアジアの少年大好き〜〜の白人おっさん（彼らはなぜか皆〝不思議の国のアリス〟のキャタピラに似てるんす）、覆面コップにディーラーと（なかには一見覆面風なのに白目むいて踊っているのすらいる）、ごった煮比率も高く、まあ、チャクラでいうと下のふたつ、赤とオレンジのチャクラを全開にオッピロゲタまま徘徊している人が多いイところです。白を出したいと思っていくと欲望博覧会のような場所のエネルギーにさらわれる、じゃなくてカッパの（トップ・チャクラの）さら割れマフ。この日はすんごい混みようだったそうです。メインフロアのほか、ふだんはサウンド・システムは設置していない外のプールサイドも〝ORBITAL BREAK, DRUM'N BASS AREA〟となってたそうで、あ〜〜〜〜そこでぶにゅぶにゅベースにぼこぼこにされたかったよ〜〜〜！！　と次の日嘆いたアタシ。ここはなぜかそのプールの上がバンジー・ジャンプ台になっていてですね、それがバリで一番高い建造物なんですが、そこからもーブッとんだままほんとうに飛んでしまっている人々もあとをたたなかったそう。

明けて一日。スティル・アライブながら青ざめてよろよろのアン・マリー（前々回日記参照）に今日も裸足のレット（前回日記参照。こいつはどこへ行くにも裸足。バイクさえそれでぶっ飛ばす）、そしてウチラれもん一家でおいしいパスタを食べてちょい抑えめに（あーおせち食いたいよー。しくしく）。

オベロイにある、みんなが大好きのイタリアン・レストラン〝トラットリア〟（オーナーのエドワルドは筋金入りトランス・クルーそして日本女子フェチ）で見る友人／知人は誰もがロンドン・ワックス・ミュージアムの蝋人形のように青ざめ生気がない。昨夜の激戦のほどを窺わせる光景だ、と思いつつパスタを頬張るアチクシの隣りで愛息・アシャンティ（三歳九カ月）は新年初の〝うんこもらし〟をしてしまった。あらー。。。

さて、あたしのSMS（携帯のメッセージ。こっちはほとんどすべてのパーティー情報がこれで瞬時に島中にトバされ、民族移動を起こさせる。フライヤーよりポピュラー）はひっきりなしに今夜どこそこであれやこれやの新年パーティーがあると伝えてくるが、今日はひたすら無視。オ、お情けを〜〜〜〜！！　ってキモチ。

さらに明け二日、去年も一回バリにきたUKの人気DJ、ピート・トンがクーデターのサンセットをやるとクーのオーナー、ギリシャ人アーサーからSMSが入り、午後四時半ころギャロと出かける。家のそばのメインロードに出たとたん、アメリカ人の画家パブロとサルが車で通りかかり、自分たちもクーに行くからとジープの荷台に乗っけてくれる。こーゆーとき、〝ヴィレッジ〟はいーなーと実感する。横町まがるたび知った顔に出くわす。

果たしてサンセットは〝ビッグ・ファン〟であった。

五〜六百人はいたかなー。ケムリのルイにマサキ、ショキ、アミ&ダンらイスラエリ・トランス・クルー、パトリシオにリックのイタリアン・フルオンクルー、バーニング・マン常連のポーキーにガールフレンド、その他たくさんの知人友人に、エキスパ、おとといのパーティーにいたのであろうパーティー・ツーリスト、アジア人家族連れ、ごったがえしながら、どこかなごんだ雰囲気。ピートの選曲も、八十年代のヒット曲のクールなリミックスを中心に、洗練されてるのに不埒《ふらち》なエレクトロニカですごくよかった。みんなかなりハッピーで、ここで体験したなかでもベスト3に入るサンセットだったんじゃないかな。

だって、ふだんなら日没後七時半をまわればレストランのディナー客以外、皆潮のように引けてしまうのに、この日は陽がとっぷり暮れてもなかなか皆帰ろうとしなかった。新年のあとの潮騒のようなヴァイブのエコーがその場に残ってて、そのなかで少しでも長く漂っていたいって皆思っているかのようだった。アタシもまだまだ話し足りないなーと思いつつ時計見ずに家に帰ったらなんとすでに九時過ぎててびっくりしたほど。ピートのあとを継いでまわしたギャロパパも久しぶりにかなりエンジョイしたもよう。

一週間まえの津波がここから遠くない場所で起こって、たくさんの人々が亡くなって、それなのにパーティー三昧かいオマエラは！　って思うかもしれないけど、アタシもまわりも皆、あのあと〝CLEAN YOUR CLOSET〟っていうSMSを送り合って、服やお金をディジョンっていうデリカテッセンに持ち寄ったり（協賛の航空会社がそれらをスマトラ島に送ってくれた）、いろいろできることはやってみた。そして何より、あの出来事が、結局アタシたちは自分らでコントロールできる範囲を遥かに超えた力の上に〝仮住まい〟してるだけの存在にすぎないんだって認識を今一度はっきりと感じさせてくれて、それによってじゃあ今この瞬間自分たちが抱きしめられる〝歓び〟〝幸せ〟〝生きる楽しさ〟〝大切な存在〟とは何なのか再び考えるきっかけをくれたっていうのはあるかもしれない。

少なくともあたしにとってはそうだった。

刹那感から〝悦楽〟に走る、っていうのとはまた違うフィロソフィー。宇宙のなかにフワリと浮かぶ蓮の花の上に乗っている身なら、その上で陽をあびて揺れている朝露のはかなさ／美しさを愛でながらコズミック潮流に流されていきたい。

そんな年明けでした。

## 2005.01.06 05:22
## World Wide Ambient Vigil For Aceh

ガラにもないことを始めてしまった○○○ これが、今の正直な気持ち。でも、もうあと戻りできないよー。

三日まえ、ジャカルタの友人、ジミーからメールがきて、世界数カ所で同時開催のアンビエント・ヴィジル（徹夜で祈る夜）フォー・アチェをやろうと思うんだけど、コージー、バリのやつオーガナイズしてくれないかな？ とのこと。ジミーは昔日本に住んでいたこともあるフォトグラファー、VJ。昔あったスーパークールなテクノ・マガジン〝zavtone〟ともコラボしていた人だ。ジャカルタで今このイベント開催に向け仲間とともに動いているとのこと。イベントの目的は、アチェ（インドネシアで一番被害が激しいところ。街によっては八〇％が死亡、四百人の孤児たちがジャカルタへ送られるさい人身売買組織によって誘拐／消息不明になっている）へ送る寄付金を集める、っていうのが目的だそう。

日ごろ（とくにここ数カ月）、凄まじいときには月に二十本近いＤＪギグ、しかもその多くは、かなり悦楽主義先行（なんつーかノー・ソウル）のパーティーやら宴やらあれやこれやの場で、なんかどーもこんな機会にばかり自分の大好きな音楽をもって貢献するのは虚しいなあ。。。と思いはじめていたし、すぐ近所で起こった（しかも状況は悪化している）この悲劇に対して古い服を寄付するくらいしかしていなかった自分にたいする居心地の悪さもあって、〝これは宇宙がくれたいいチャンス〟と思い、二つ返事で承諾した。

しかしそれはハッキリいって大仕事（アタシのよーなのらくらものには）であった。。。聞けば、開催日は今月十六、十七日という。

ええっ、あと二週間（当時）しかないのおお！！　とびびり、とりあえず提案書を打って、あちらこちらへ送ってみた。すると、すぐにポジティブなメールの返事をくれたのは皆女性ばかりだったんですね。興味深いことに。

バリの大きなパーティーすべてほとんどにサウンド・システムや照明機材をレンタルしている〝ヴィジョン1〟の女社長スー（といってもとても小柄でキュートなイギリス人女性）は機材、自分のスキル、人材なんでもコントリビュートする、っていってくれたし、こちらのベジタリアンが愛好しているベジレストラン〝zulla〟あとベジフードのパッケージを大きなスーパーなどに卸している〝down to earth〟の女社長リアットはあたしのコンサルタント兼パートナーになってくれた。

リアットは四歳の娘がいるイスラエル出身のシングル・マザーで、トランス・パーティーではいつも必ず最後まで踊っている。見るからに強く清そうな目をした、なんていうか光り輝くプラズマを体内に秘めているよーな素敵な女性なので、これは心強かった。しかも彼女は、バリの恵まれない子供たちのために過去何回もチャリティをひとりで企画／開催／成功させてきた〝その道のプロ〟でもある。（日記〝マーメイド〟参照）彼女の家でおととい遅くまで日本酒のみつつ（彼女は日本食大好き）いろいろ計画を練った。それからヒカリのチエミちゃんもこのイベントのオーガナイズ・メンバーになってくれたし、これはなんかフィーメイル・エナジーが集結しそうな雰囲気。。。

と、思ってたら、あ〜〜あともう十日しかないじゃん！！！

あしたヴェニューとミーティングして、寄付してくれる店／レストランなんかと話して、フライヤーとかも作らないと。。。

ぎゃ〜〜〜〜〜〜！！　ああああたし亀なのに〜〜〜〜〜！！

とパニックになってきたので、このミクシィに一瞬〝一息つきに〟きました。ふ〜〜〜〜〜〜〜

とりあえず、興味のあるひとはジミーから送られてきた提案書の訳を読んでみてください。

貢献してほしいアーティストのなかには日本人アンビエント・アーティストも多くいるのですが、彼らに送ったメールがなぜか帰ってきてしまったと焦っていました。

ジミーいわく、この訳を日本の皆に送ってほしいとのことなので。

これは別に大きくなくても、世界のどこでも、たとえば地元の興味もってくれた人たちとそれぞれの規模で、それぞれできることで貢献して開催できるんじゃないかとアタシは思うんだけど。。　小規模といえば誰かの家でもいいわけだし。。。　寄付金の流れ、それの詳しい情報、誰のもとへ金が行くのかとか、何に使われるために、とか、どこへ送ればいいのか、とかそういう情報もすべて、ここで逐一アップデートする、とかできるかなあ、なんて。ブレッツが健在だったら（ってまだあったらごめんです）あそこでやりたかったなあ。。なんて。

では〜〜〜

World Wide Ambient Vigil For Aceh　提案書

親愛なるフレンズ

僕らはジャカルタをベースとするフューチャー・プロダクションズとウイング・ギャング・プロジェクトです。僕らはアチェの医師たちとダイレクトにコンタクトを続けており、彼らはコンスタントに今どんな薬とサプライがもっとも必要とされているのかを知らせてくれています。すでに僕らが集めた基金により購入された医薬品の第一便がアチェへ向かいました。

これは、世界のさまざまな街において、同時多発的なイベントを開催しようという計画です。もし可能であれば（必ずしもそうである必要ではないのですが）、四十八時間におよぶ時間枠で行われるというものです。ジャカルタ、バリ、シドニー、ロンドン、ベルリン、トーキョー、台北、上海、サンフランシスコ、シンガポール、そのほか実行できる場所ならどこでも。アーティストたちと機材を一カ所に飛行機で集めるために時間と貴重なお金を無駄にするかわりに、それぞれの場所でそのとき得ることのできるベストな地元アーティストたち、テクニシャンたちとともに動こう、というものです。そしてもちろん、そのときそこに滞在している外国人アーティストたちもです。

このイベントはアンビエント・ミュージック、たくさんのキャンドル、そして映像プロジェクションにより行われます。アンビエント・ミュージックはこの悲劇的な状況に適当であるばかりでなく、同時にパワフルなサウンド・システムに頼らなくてもよい、ということでもあります。

ぼくらが計画している実行日は今月一月十六日（日曜日）と十七日（月曜日）、メディアがちょうどストーリーを探しているチルアウト・デイです。

僕らが協力を申し込みたいと思っているアーティストたちは、The Irresistible Force UK, MattBlack (NinjaTune) UK, VJ Coresnfx UK, SnowEffect Japan, buddhasticktransparent Japan, VJ Shinji Murakoshi Japan, Lim Giong Taiwan, Stingray Taiwan, DJ Jim E Taiwan, VJ Jason Taiwan, Stuart Ridley Australia, Ming D Australia, Loveworks DJ and VJ Crew Australia, GusTill Bali, Super Cozi Bali, DJ Anton Jakarta, DJ Hogi Jakarta, DJ Jonathan Yeo Jakarta, VJ Bogie Jakarta, The Wing Gang Project Jakarta, その他たくさんのアーティストです。

もしもこれを読んでいる君が、君のスキル、能力、芸術的技巧、機材、またはイベント・ヴェニューなどを寄与することで貢献できると思ったなら、すぐにコンタクトしてください。

winggang@winggang.com

敬具

ジミー・ウイング

ウイング・ギャング・プロジェクト&フューチャー・プロダクションズ

## 2005.01.08 04:31
### BORG合体

どんどこどんどこどんどこど〜〜〜〜〜っっっっっ！！！！！

あ〜〜壊れてきた。一日十時間くらい調整のメール&電話に追われる日も今日で四日目に凸ニューだーい！！

でもよーやくシェイプが整ってきたんだよねぶ〜〜っと。

（これからはふつーに）

AMBIENT VIGIL のヴェニューさがしでまず66というデカハコに提案書出したんだけどなかなか返事こず（あとでyesの返事きたけど遅かった）、そしたらプラーナという、精神世界に理解の深いオーナーがやっている THE VILLAS というラグジュアリー・ホテルの隣りにある、同じオーナーがやっている、すっごーく美的感覚に優れたスパでぜひやりましょう、と向こうから誘っていただき、昨日ミーティングしてきました。

そこはね、全体がもうインドの宮殿の小型版みたいな建物で（かなりいってる）、鬼瓦みたいな顔したガネーシャの彫り物があっちゃこっちゃにループ状態でいるのね（でも怖くないよ）。一階がレストラン、二階が迷宮のようなスパと木のフロアのヨガ・ルームになってて、夜とかはすごーくムード出るし面白い！！　ギャロパパのEOのリリース・パーティーもそこでやったんだけど、雰囲気よくて皆気に入ってたから、ここでやったら皆喜ぶだろーなーとうれしくなる。

で、ミーティングの結果、そのスパ以外の場所みんなつかってやることになった。でも全体のキャパは狭く、ぎっしり入っても五百人が限度かな、という感じ。

でも、規模より、〝世界同じ日に、時間差で祈りのヴァイブがアンビエントの音の合間に乗せてゆっくり地球を一周していく感じ〟にしたいというジミーのイメージを実現できればいいんじゃないかな。。とあたしは思うの。

でもプラーナの雰囲気はもうそのままで〝アンビエント〟しているうえ（名前からして）、チエミちゃんと直径三メートルの、テント型の白い蚊帳を三つ作ってそれをヨガルームにベドウィン・テントみたいに張り、そこにVJの映像を映したりするので、かなりいいムードになると思います。

オーガナイズ・チームのメイン・メンバーもほぼ出そろった。

あたしのコンサルタント的役割のイスラエル人リアット（前回日記参照）に、機材提供のイギリス人スー、デコを手伝ってくれるジャパニーズ・ママ／チエミちゃんに、同じくデコ担当のオーストラリア人リビー、プラーナのA&Rクリッシー、そしてとても成功しているビジネス・ウーマンで、今回はウェブ制作とスポンサーたちとの交渉役を買ってでてくれた台湾女性イザベラ。

気がついたら、七人のメンバー全員女性で、国籍もさまざま。

なんだか〝ガッチャマン〟とかの合体ものみたいだよなーと思ってたら、今日リアットが、〝このオーガナイザー・グループをBORG（Bali-Organization）と呼ぼう〟といったのだった。

ボーグ。サイボーグ。わ〜〜合体ロボじゃんやっぱ！

びびった。。読心術？　それともシンシンクロー？

それに記憶を揺すられて、昔、ZAVTONEに〝Geisha=Borg Diary〟という連載コラム（いんちきSFともいう）を書いていたことを懐かしく思いだしていたら、なんと、そのザヴトーンの編集長だったザトさんが、このイベントのトーキョー版を実現してくれることになった！！

わーい！！　それを願ってたジミーも今ごろジャカルタで小躍り（小躍りでどんなステップなのかな？　サンバ？　メレンゲ？　トランス？　それともひょっとこ？）してることだろう。。やったー！

あと、プラーナのほうで、こちらの国際ロータリー・クラブ（つまり、成功している地元の名士的な国際企業のおじさまたちが社会奉仕を目的に集まっている団体。たぶんプラーナのオーナーもそのメンバー）に後見人兼〝お金の流れ監視役〟になってくれるよう提案してみる&昼間はいろんなレストランや店のフリー・マーケットやオークション、夜はアンビエント・パーティーにすれば、昼は家族連れ、夜は違うクラウドを見こめる！　といったアイデアを出してくれた。

バリはほんとう、そういうところが素晴らしい。早い。。。高めのところが実はすごいオープン・マインド。

あたしは、人と人、ふだんだったらありえない人同士をつなげたりするのは得意なんだけど、ビジネス・サイドはからっきし駄目！！　なので、これら〝やり手女性〟がパートナーになってくれて、〝精神的サイドと物質サイド〟両方でサクセスできる可能性が高まってきました。ありがたい！！

ですので、うまくいけば結構集まりそうだけど、たとえ三万円しか集まらなかったとしても、いいと思っています。お金はもうすでに世界中から集まっている。。でもこのイベントであたしたちがコレクト／ハプニングさせたいのは、（まあ金も大事だけど）、ダメージ受けた地球のある部分を癒したいと願う波動、それをリレーのように惑星上を移動させること、にあるとあたしは思うんですン。

ガッタイ〜〜〜〜〜！！！

って〝邪悪バルタン〟になっちゃったらどうしよう。。

## 2005.01.09 00:49
## BORG合体　その2

きのうから引き続き、vigilに参加を表明してくれるひとが続々だった今日だった。

また、それに伴い、参加者それぞれの〝お国柄〟が図らずもにじみ出て、思わずウケてしまう場面も。。

夕方、ＤＪで今回参加してくれる愛すべき名物男性ブーツ（今度ゆっくりこの人物に関しては書くよーん）の家にいった。彼のパートナー、ネヴィはあたしととても仲がよく、その彼女がぜひ手伝いたい！　といったので、じゃあ、何が彼女にはできるかちょっと一緒に考えようということになったのであった。

ネヴィはもうマンマ！！！、なイタリア女性。四歳の息子ロハンに〝クレイジー・マンマ〟と呼ばれている肝っ玉かーちゃん。痩せてるのにすごーく頼もしい。

さて、ふたりであーだこーだ話してると、

〝オークションをやろう！！〟

とネヴィ。彼女いわく、この島在住で皆に人気がたかい服デザイナーに交渉して、不良品やサンプルを出してもらい、オークションをプラーナのイベントでやるというもの。そしてその売り上げを寄付金とする。。

いいアイデアかも～～～と思った。

んが、それと同時に、ジミーがおごそかに〝祈る夜〟と題したアンビエントのイベントで、イタリアン・クレイジー・マンマが、

〝さ～～、買った買った、みんないくらだすう～～～?!!〟

と市場のおばちゃんさながら台の上で派手な手振りで叫び、それを受けた聴衆から

〝ごまんルピア！　じゅうまん！さんじゅ〜〜！！〟

とヒステリックな声があがるさまを想像し、

〝やっぱ違うかも。。いやいいのかも。。はれ〜〜〟

と悩む。もしそのときアートマンあたりをあたしがかけていたら、間違いなく〝陰と陽〟な状況におちいること間違いない。。。

とボウフラ・ブレイン・コンピュータがいそがしくこの案を吟味しているちょうどそのとき、ネヴィたちの近所に住んでいるイタリアンのおばちゃまがやってきた（名前を失念）。

彼女はでっぷりとお肉のついた貫禄ある体型に、観音様みたいなかわいらしい笑みをたたえた顔をしている、まるでフェリーニの映画に出てきそうな理想的な〝普通のイタリアのおばちゃん〟である。

息子の様子を見にいってしまったネヴィのかわりに、彼女にこのイベントの説明を試みたあたし。彼女はあまり英語は得意ではないので、ゆっくり話したんだけど、わかっているのかさっぱりわかっていないのか、微妙な微笑みでときどきうなずく。

その彼女が話の内容をちゃーんと理解していることがわかったのは、あたしが

〝でね、これは基本的にはダンス・パーティーではなくって、もっとリラックスした音楽をかけながら、なんてゆーか。。みんなで。。。〟

とあたしがいいかけたときだった。

彼女は深ーく理解したといわんばかり大きくうなずき、あたしの次の言葉をさえぎってこうきっぱりいったのだった。

〝いっぱい、おしゃべりするんだね〟

いえてる。。そーだよなーーーーむつかしー（？）コンセプトいっくら並べたって、結局、皆楽しい〝集い〟って、それをする場よね。ふむふむ。やられた〜〜〜。

とんち問答でこてんぱんにやられたあとのよーな清々《すがすが》しさを感じているあたしにおばちゃんは、

〝チャオベッラ〜〜〜〜〟

とキスして体を揺すりながら去っていった。

このひとたちも当日はなんらかのかたちで手伝ってくれることになるんどす。

どーなるんだろー。

## 2005.01.13 00:03

## BORG増殖

いや〜〜ボーグ第一回目のミーティングは大成功で、今日二回目も無事終了、とゆーか、一回目よりメンバー増えてるし。

バリ島にはVJがななななーんと約二名しかいず（アルゼンチン男性とカナダ人男性）、ふだんこのふたりはなんとなーくライバルって感じなんですが、今回このふたりもヴィジュアル・コーディネイターとしてそれぞれプロジェクターを提供してくれそうな地元カンパニーにプレゼンかけてくれました。

ウェブも台湾女性イザベラによりできたし、ふだんは別のレストランのイベントなんかには協力しないクーデターも、ディナー・チケットを当日プラーナの〝バザール〟で〝くじ引き売り〟するため提供してくれたり。。となんだかふだんこのパーティー・アイランドで、〝パーティー稼業〟に携わっているほぼ全員がなんらかのかたちで参加。。とゆーふーになってきたんです。

ミーティングの結果、サウンド・システムとVJを二カ所に入れ（ガーデン／レストラン・エリアと二階のヨガ・ルーム)、ガーデン・コーナーには、バリにベースを置きつつも、ワールド規模で活躍しているデザイナー(もとブッディスト・パンクのニックや、ポール・ロプ、Hikari, Quantum leapなんかも!)たちが、それぞれの作品を提供/限定アウトレット・マーケットするコーナー(利益のうち最低五〇%を寄付)、プラーナのスペシャリストたちによるマッサージ・コーナー、スシ・ステーション、タロット・コーナーなどなど、なんか〝野外パーティーのマーケット・エリア風〟になってきて、わー楽しそー!! って感じになってきました。

かかわってる皆が、こーゆー催しはバリではついぞないので(いろんな店/団体/デザイナーの合体コラボ)、どことなくうきうきしている感じ。。もちろん、動機が〝犠牲者をいたむ〟気持ちなので、パーティーではないんだけど、それでも、この〝宴のまえのわくわくする空気〟が空気伝染して、当日ひとりでも多くの人がきてくれたらいいなーって思う。

興味のある方は、

バリ・イベントのウェブhttp://www. bali. com/vigil/ もしくは、

ジャカルタのメインウェブhttp://blog. winggang.com

のぞいてみてください。

でも、やっとここにきて、もしアタシが当日病気なんかで急欠しても、イベントは滞りなく進むぐらいの〝担当分野確立／流れも見えてる〟ストラクチャーが進んだので、かなり気が楽になったよー。

いやー、ボーグの任務終了まであと十日！！

やったれたれ〜〜〜〜！！

ちなみにロゴはもとザヴの北さんがつくってくれたものです。

今回はこんなところで。。

## 2005.01.16 03:40
## L0tus-eater

今日、今月二十三日発オーストラリア／メルボルン行きのチケットが家族四人分、無事届いた。二十八〜三十とメルボルン郊外で開かれる〝SUBMERGE〟という野外アンビエント・フェスに旦那ともども出演するので、だったら子供ふたりもろとも家族四人でいったるか〜とアレンジしたチケットだ。

二十二日にVIGILを終わらせて、翌朝に監査役のグループと集計をすまして、その夜飛ぶ予定になってるんだけど（って寄付金ガメテの高飛びじゃないよ。念のため）、バリ島を出るのは、なんと十五カ月ぶり。

こんなに長く一カ所にじっとしていたのは、たぶんむか〜しバンドやってたとき以来じゃないだろうか。でも不思議とストレスなかったな〜と、ちょっと感慨深かったので、今夜はひさびさにvigilネタではない話を書こうと思います。

もともと放浪癖のあったあたしだったけど、今の旦那とバイロン・ベイでくっついてからは、収拾がつかなくなった。糸の切れた凧がふたつ、もしくは根無し草が二束からんで流れるままに。。ってな状態である。

DJやっては移動して、友だちつくってまた移動。。っていう日々が延々と続いた。ジェット・エンジン搭載のボウフラは自分だけかと思っていた傲慢なあたしだったが、旦那は輪をかけて凄まじく、ふたりのカルマが合体してからは、その浮き沈みのバラエティたるや笑えるもんがあった（今となっては、だけど）。

アッパー系では南米のとある国のもと大統領候補の息子がトランス好きで、その息子／仲間たちに招待（誘拐ともいう）されて、一族所有の郊外のランチ（牧場）に招待され（軟禁ともいう）、一週間プライベート・パーティー三昧だったこともあった。とんでもない広い敷地で、気が狂ってしまっているシベリアン・タイガーやライオンが狭い檻のなかでぐるぐるずうっと歩きまわっているのが哀しい私用動物園があった。あたしたちよりひとまわり（ギャロよりふたまわり？）若いであろう三十人くらいのクルーたちとパーティーをやっている部屋のドアのわきには、ライフル銃を抱えたシークレット・サービスがふたり、昼夜ぶっとおしで待機していたっけ。

かと思えば、はじめての妊娠五カ月めで旦那と一緒にホームレス同然になり、ロンドンの友人宅を拠点にして毎日泣きそうな思いで不動産屋まわりしたこともあった。そのあと六カ月目のおなかでモロッコのサハラ砂漠の手前の美しい湖のほとりでダンスしたこともあった。あれは二〇〇一年の年明けだった。チル・ラウンジ用に設置された遊牧民のテントで、夜の三時ごろ疲れて目をしばし閉じたとき、ヒデちゃんやハイメが優しくお腹を撫《な》でてくれていたのを覚えてる。

イギリスのデヴォンという田舎でアシャンティを出産したあとも、じっとしていたのは三カ月だけで、とことん自己中心的であきらめ（?）が悪いあたしは〝まだ旅もしたい〟〝DJもしたい〟〝音楽もつくりたい〟といって、アシャンティをまえにぶら下げたままスタジオに篭ったり、Sally（Dollaly）とLuieとあたしの女DJ三人で東ドイツにDJツアーしに行ったり（DJバッグは後ろ、アシャンティはまえにぶら下がっていた）した。

あたしは〝まだできることいっぱいあるんだ〟なんて勝手にうれしくなっていたけれど、いい迷惑なのはアシャンティである。フェイク・ファーの敷かれたスタジオのカウチで眠らされたり、現地調達した、面識のないベビーシッターに一晩預けられたりしたのだから。でも、アシャンティはどこに行ってもほんとうにハッピーなキッドだった。そんなわがままなママの冒険につきあわされて、それでもたくましく育ってくれた。

でも、旦那とあたしとアシャンティ三人の、ジプシー家族のような暮らしはそのあとますます凄まじくなっていった。タイのパンガン、オーストラリアのサマードリーミング、日本のソリスティスやアノヨ、サンフランシスコ、ギリシャのサモスラキ。。。大小さまざまなパーティー。行く先々で逢う懐かしい友だち。。今広げたばかりのスーツケースをまた荷造りしては、束の間馴染んだ窓の眺めにさよならをする日々が果てしもなく続いた二回めの夏、アシャンティはサモスラキ島ではじめてよちよち歩きはじめた。あたしたちはまだ〝家〟と呼べる場所がなかった。世界中からそれぞれの軌跡をたどってその場に居合わせた友だちとの再会はいつだって素晴らしいし、音楽を介したコミュニーケーションは楽しいし、食べ物だって美味しい。でもその〝イベント〟と〝イベント〟とのあいだには、〝根無し草〟の現実が厳しく横たわっていた。ぱっくりと口をあけた闇の向こうには、ヒカリがうずくまっているような、いないような。。

ロンドンの、友人宅のリビングルームの床にクッションを敷きつめて即席のベッドをつくり、そのうえで親子三人で眠る日々が四週間も続いたある日、それでもすやすやオモチャを抱えて眠っているアシャンティの寝顔をじっと見つめながらあたしは思った。

〝こんな暮らしはもうたくさんだ！！！！　〝おうち〟のある暮らし、アシャンティが好きなだけオモチャや本を散らかすことのできる、〝自分たちのおうち〟がある暮らしが満喫したい！！！！〟

そのあといろんな偶然が重なって、見えない大きな手があたしたちを熱帯のこの島に連れてきてくれた。

はじめての〝おうち〟のある暮らしは、新鮮で、やることがいっぱいあって、夢中で毎日が過ぎていった。じっとしているのに、動きまわっているときより夢中で過ぎていった気がする。で、気がついたらバリにきて二年三カ月もたっていて、娘も産まれていた。彼女はソリヤ、バリの言葉で〝太陽〟というミドルネームを持っている。いつまでこの島にいるかも定かでない、野良犬のような両親を持った彼女が、少なくとも自分が生を受けたときまわりは光にあふれていたのだということを、いつでも思いだせるように願ってつけた。

今はボウフラ史上かつて経験したことがないほど、安定した毎日。晴れた凪《なぎ》の入り江のような、穏やかなリズムの日常が訪れては去ってゆく。

東京の、速い河の流れの真ん中のような場所（クラブイエローのすぐそばでした）に住んでいたころは、三カ月もいれば限界だとなかば強迫的に思っていた。外に出なければ、どっかに逃げなければ窒息してしまうといつも思っていた。

そのころ一緒にいてくれた人は、どっかに逃げなくてもこんなに楽しいということをあたしに教えてくれようとしたけれど、野良犬だったあたしはその人の手すら噛んで逃げてしまった。

もうあれから、どれだけの人にあったのか、どれだけの場所をうろつきまわってきたのか、はっきりとは思いだせない。

初めて張り巡らせてみた結界を、今度ひさびさに出てみるわけだけど、今度は〝帰っていくおうち〟がある。

きっと、その目で見る景色は、また格別に美味《おい》しいと思うのだけれど。

数ある想い出のなかでも、格別想い入れがあるギリシャのサモスラキ。そのパーティーのチル・コンピ用に一曲たのまれたとき、旦那とウブドで創ったのが〝Lotus Eater〟という曲だった。辞書でひいたら〝酔生夢死の人〟だという。英語でも、日本語でも美しい響きのあるこの言葉は、それからずっと頭のなかにこびりついて離れない。

いつの日にか、どれだけこの星の上をほっつきまわったなら、蓮をじゅうぶん、自分は味わったといえるのだろうか。

## 2005.01.27 20:54
## BORG最終合体＋任務遂行

アチェ・エイドのヴィジル〝アンビエッセンス〟が終わってから、はや今日で五日目。何の音沙汰もないのをいぶかっている日記の愛読者（?･）の方もいたと、あたしは推測する。

〝やっぱりアガリをガメて逃亡したか。。〟と思っていた方。アタシは今オーストラリアのメルボルンに元気でいます。でもこれは〝トンズラ〟ではなく、〝立派に任務を果たした晴れ晴れ旅行〟。

というわけで、先週土曜日にバリで行われたイベントのリポートを遅ればせながら。

一月二十二日、バリ、セミニャックにある〝プラーナ・スパ〟で行われた〝アンビエッセンス Ambiessence〟は大成功だった。まずもって、来てくれた人みんなが今までバリには存在しなかった〝アンビエント／ダウンテンポ系の音楽とヴィジュアルの融合を楽しむ場〟というコンセプトに新鮮な驚きを感じてくれたというのが大きな要因だったみたい。そういう場としての表現方法が進化し続けているチルエリアを持つ日本やオーストラリア、ヨーロッパのパーティーではあたりまえのようなことだけど、この島では一夜かぎりのダンスパーティーはあっても、チル・イベントなんてなかったのだから。パーティーになんていったことのないようなビジネス・ピープル（リゾート・ホテルのGMとか）から、ハイヒールと膨らませたブロンドがファラフォーセットなおねえちゃんから、子供連れたヤミーマミーから〝ふだんはジャングルごもりの芸術家〟系から世界のパーティーはしご系までいろーんな人種／職種ごったまぜのクラウドで、プラーナは午後七時のオープン直後からいい感じに、そして温かな雰囲気に包まれていった。

モロッコのマラケシュを彷彿とさせるオレンジの壁が波打つこの建物はそのままで十分シアトリカルなのだけど、そこに真っ白なバリ・ヒンドゥ教のセレモニー用ののぼり旗がいく重にもひるがえり、その旗とその奥に設置された大きなヴィジュアル・スクリーンにアブストラクトなグラフィックが投射されると一気にドラマティックな空気がたかまる。

ステージの上に設置されたＤＪブースのまえに、皆が入り口で買ったキャンドル（一人最低一個キャンドルを買うのがエントランスのかわり）に火をともして置いていく。

イクリプスのパーティーのデコを手伝っていたという女性が貸してくれた、ピンク、オレンジ、白のストレッチ素材布に透かし彫りの模様を切り抜いたものがガーデン・エリアの椰子の木のあいだに張り渡っていたり、その下にはモロッコ風のカーペット、クッションなどがぎっしりと敷き詰められていて、もうバリなのかインドなのかサハラなのか妖しげな感じ。

入って左手の屋根のある部分はバリ・ベースのデザイナーたちのアウトレット・マーケットやスシ・ステーション、バリをベースに置くペインターの作品のサイレント・オークション（イタリアン・マンマ絶叫のオークションは辛くも実現にいたらず。実はホッと安心。前々回日記〝ボーグ増殖〟参照）などがあって、ほんとうにどっかの野外パーティー・チルエリアの小型版かバザールのよう。そこに参加してくれたクオンタム・リープのみどりちゃんが〝これ楽しい！〟とかなりうきうきしてくれているのであたしもうれしい。今日のメイン目的はアンビエント音楽を媒体としたヴィジル、すなわち祈りだけれど、と同時に人々が生の美しさや人々とのつながりを感じることのできる空間をシェアすることによって、この場自体からわき上がり立ちのぼる気持ちのいいオーラ／ヴァイブがお盆の〝送り火〟のような役割を果たして鎮魂の祈りの波になって空へと帰っていけばいいと思って全体をプロデュースした。だから、空間が〝イケテる〟かどうかはとても大切だし、こういう身近な人の反応がとても参考になる。

二階にある〝ヨガ・ルーム〟はさらに異空間。下とは別のサウンド・システムがあるゾーンB。チエミちゃんとふたりで特注で作った白い四メートル直径の円形モスキート・ネット（蚊帳《かや》）が三つ、ぶらさがっていて、それぞれの〝垂れ〟部分は互いに空中でつながり合っていたり、すこしツイストして後方に持ち上がっていたり、正面から見るとなんだか妖しげな〝宇宙遊牧民〟のテント村のよう。その下にはこれまた巨大な半円形マットレスとたくさんのクッション（これも全部白）に、よーこちゃんが作ってくれた貝がらなどをあしらった紐のデコがところどころあしらわれていたりしてすごくいい感じ。そこに、アルゼンチン男性のＶＪホアンのオリジナルであるヴィジュアル（彼のは知的ですごくよい）が二台のプロジェクターで投影されると、〝わ〜〜これバリですか〜〜〜？？〟っていう感じのオルタナ色濃い非日常的空間。この部屋は音の鳴りもよく、ここにきたままハマってしまった人たちもいました。

九時をすぎたころには、もうそこらじゅうに人々があふれていた。飲み物片手に談笑したり、ダウンテンポで踊ったり、クッションでまったりしたり、ヴィジュアルにはまったり、オークションを吟味したり。。と皆スマイル＋満喫しているようす。非常に柔らかい雰囲気が隅々まであふれている。バリ・ベースのある女性デザイナーは、

〝津波以来、あたしも何かしたいとずっと思っていたけれど、方法がわからなかった。このやり方は素晴らしい。今度はぜひあたしも参加させて〟といってくれた。彼女はかなり名前も知れているデザイナーで、今回はオファーしたいけど無理かな？　と思ってあきらめていた当人だったのでうれしかった。でも、次はあってはならないんだよね。うん。

十時すぎ、ウブドの山奥に摩訶不思議な館を建てて住んでいるフランス人アーティスト、シルヴィスが、アメリカ人アーティスト、ヤーリの施したフェイス・ペインティングに真っ白なスーフィーの衣装を着て五分間の鎮魂のパフォーマンスをする。彼はつい二日まえにIDEP（今回アタシたちがお金を送るいくつかのNGOのひとつである、ウブド・ベースの非政府組織）のボートに乗ってアチェから帰ってきたばかりで、そのとき持ち帰ってきた写真を投影したスクリーンのまえで踊る。

アタシはまえの日66で行われたビート・マガジン主催のチャリティ・イベントで夜中二時過ぎまでDJやってたうえ、この日は全体のディレクターにデコ、ステージマネージャー、DJまでやってたので、かなーり疲れ／テンパっていてこのあたりがまさにテンパリ・ピーク（？）だったのだけれど、人々のあいだを眉間にしわのよったハムスター（？）のように走りまわっているあたしの左右から〝リーラーックス！！〟〝エンジョ〜〜イ〟とお声がかかり、そーよねそーよね、と思いつつなかなかギアは減速しない。でも、よーこちゃんやボーンのニヤたちがかなり長くエントランスをやってくれたので助かった。

結局終わったのは午前二時半をまわったころ、延べ三百人もの人がキャンドルを買って入ってくれた。キャンドルは基本的に自由値段だけど、ほとんどの人があたしたちの〝サジェスチョン・プライス〟である五万ルピア（五米ドル弱）を払ってくれたから、エントランスだけでも十五ミリオン・ルピア（千四百米ドル弱）のファンドが集まった。これにマーケットやバー、オークションなどの売上げを加えると、だいたい五千ドルくらいはいくのじゃないかと会計役のリアット。プラーナのマネージャー、クリッシーにサウンド・イクイップメント・レンタル会社の社長で今回はテクニカル面すべてのサポートをしてくれたスー、ウェブにオークション／プライズ仕切りのイザベラなど、今回これに関わった人すべてが、もう〝心地よい疲れの笑み〟を浮かべて〝よかったね！〟とハグしあったエンディングであった。わーーーい！！！　ボーグの任務、見事に完了だーい！！！！

二月の第一週末にこちらのロータリー・クラブの面々＋ＢＯＲＧで最終集計／送金手続き／ウェブに情報をアップロードするまで任務は完全に終わったとはいえないのだけど、とりあえずはこの二週間のドタバタが報われた。。とゅー感じである。

次の日、事後処理をいくつかすませ、夜十時のフライトで旦那、ふたりの子供とともにオーストラリア・メルボルンへ。金曜から開かれる三日間のアンビエント／ダウンテンポ・フェスティバル〝Submerge〟にＤＪとして出演するため。バリを出るのはなんと十五カ月ぶり。。感慨深いよー。

バリ生まれの一歳の娘エマにとっては初の海外トリップ。彼女はもう見るものすべてにコーフンしている様子。

翌朝メルボルンに到着して、旦那ギャロの弟、つまりあたしにとっての義弟であるアンドリュー宅へ。彼はオーストラリアの老舗レーベル〝psy-harmonics（www.psy-harmonics.com.au）〟を十三年もやっている筋金入りのエレクトロニック・ミュージック好き。彼はシングル・ファーザーで、愛娘アーシャは今年八歳。このふたりプラスれもん一家でパーティーに行くのである。楽しそうだーい。。。

アンドリュー宅では、予想外のうれしいハプニングが起きた。アンドリューは先週末開かれていた野外フェス〝レインボー・サーペント〟にDJとして行っていたのだけれど、同じくそこでDJやっていたヒカリのデイヴィッドと偶然仲良くなり、彼と奥さんのチエミちゃんと彼らの娘ジョティを家まで〝お持ち帰り〟してくれたのである。バリのイベントのデコの準備をあたしとしてくれていたチエミちゃんは、このために本番の〝Ambiessence〟に出席（?）することなくバリを出ていて、アタシはアタシで彼女出発後、凄まじい忙しさのなか経過報告も満足にしていなかったのを気にかけていたので、これはうれしかった。彼女もイベント成功の報告にうれしそうで、まさかこっちで会えるとはふたりとも予想していなかったので、宇宙のはからいに感謝！　ってところ。ヒカリ一家はこの夜一路バリへと飛んでいった。

今日はさらに旧友ハリマオさん（ハリさん）がアンドリュー宅に到着。いつものジンベエ姿になって庭先で夕涼みしているその姿を見ると、五年まえここで見たのとそっくりな光景にデジャヴを覚え、明日からのパーティーがさらにファミリー・ヴァイブ満載であろうことを予感させるのであった。。。

行ってきまーす。

## 2005.02.14 14:56
## UFOとカンガルー

やっとあたしのマックが旦那とともにオーストラリアから帰ってきた。ひさびさのミクシィなのだが、そのあいだにも新鮮なスシネタのよーに出来事はやってきては去っていき、目を閉じれば脳内回転スシ屋のよーに色とりどりの小皿がぐるぐるまわっていて、どこから手をつけていいのやら。。

一月末にメルボルン郊外で開かれたアンビエント・フェスも楽しかったし、七日からバリに娘ときて我が家の客となっていたコータロー君たちと訪れたウブドの摩訶不思議な館《やかた》ばなしなどもある。そいじゃその辺から箸をつけてみますか。。。ヤムヤムヤム。。。

メルボルンから車でコースト沿いを一時間半ほど走ったところにある国立公園。オーストラリアならではの乾いたブッシュと、ダイナミックな樹木がほとんど同じ高さでどこまでも生い茂る眺めのなかをくねりながら分け入っていく未舗装の道をしばらく走ると、木陰に置かれたテーブルの脇にドレッド娘がだるそうに、しかしフレンドリーに座っていて、そこがエントランス。

三日間のアンビエント・フェス〝SUBMERGE〟はインターネット・トランス・マガジン〝EN-TRANCE〟のライターでもあるベッカ・ダキニと、ギャロの弟でオーストラリアの老舗レーベル〝サイ・ハーモニクス〟のオーナーでもあるアンドリュー、そしてこの場所一体の現在の貸し地人であるジャンゴの三人がオーガナイズするパーティー。

この会場となった場所は一九五〇年代以降に、そのころソ連邦の構成国だったウクライナから移住（亡命？）してきたウクライナ人たちが集団で暮らすコミューンみたいなものがあった場所らしい。そのレガシーは今も残っていて、かなり大きなキッチンの壁にはロシア語（ウクライナ語かな）で何やら書かれたボードが残っていたりする。また、その後、ウクライナ人たちが出ていったあとにこの土地を借りた人が、他の場所に建てられていたUFOを買い取り、それをそっくりここに移したものがあったりする。

ギャロにいわせると、これは六十年代に作られた、オーストラリアではかなり有名なモノで、昔から何かとポストカードとかになっていたらしい。

そういわれてみると、確かに〝なーんかどっかで見たことある気がするよなー〟って気にさせるモノがある。

UFOとはいっても、直径七メートルくらいの、いわゆる単なる〝楕円形〟の鉄のかたまりである。

なのだが、そのユーモアを帯びた丸み、同じくいかにも〝サンダーバード〟もしくは〝バーバレラ〟している楕円形の窓がぐるりとついた様子、そしてこれまた〝六十年代〟な水色（なんつーか、スモーキーでマットな色合いがすごーくスペースエイジ。。わかるかなあ。。。）なんかが醸しだす雰囲気がすんごくポップ。

内部はがらんどうの空間で、ここの床いっぱいに小汚い、でもかわいいアニマル柄のカーペットがぐにゃぐにゃと敷き詰められ、これまたどっかの中古品セール屋で見つけてきたのかと思わせる、昭和っぽい（オーストラリアに昭和はないけどさ）キッチュなオレンジとピンクの花柄のソファーのマットレス部分のようなものが楕円状の壁にそってぐるりと並べられたラウンジになっている。

おまけに空気入れて膨らませた、プラスチックの緑色エイリアンがふたつ、窓から外を覗いている格好でデコされていて、内部中央の天井からは巨大なミラーボールがブラサガッている。夜ともなればこれが内部でぐるぐると煌めきまわっているのが遠くからも見え、さらに非日常感を盛り上げてくれる。

わが息子アシャンティ（三歳九カ月）とアンドリューの娘アーシャ（八歳）はこのUFOにハマってしまい、朝おきたら速攻ここを攻める、というスケジュールで三日間過ごした。

今回のあたしたちの宿舎は、二段ベッドが六組と、ダブルベッドがひとつ入ったボーイスカウトか林間学校っぽいバンガロー。ここにれもん一家、アンドリューたち、ハリマオさん、それにギャロたちの妹であるダイアンにパートナーのアヴァタ、さらにもう一人の弟であるダレンなどが加わって、これはもうティル家の夏休み旅行である。

ダイアンとダレンは八十年代後期より〝レネガデ（異端者）〟とゆークラブ／テクノ・ファッションのブランドと店をやってて、特にダイアンは四十歳になった今もバリバリのサイバー・ルックである。何しろ四半世紀近く、二十年以上もサイバー・パンクやってるのだ。サイバー・ドッグどころの騒ぎではない。〝プロのサイパン〟である。プロのギャンブル師（姉さん）みたいなものだから、パチプロにも通じる。

〝ニューロマンサー〟〝モナリザ・オーバードライブ〟あたりはいわゆるもう古典として血のなかに溶解してしまっていると見える。アヴァタも〝ブレードランナー〟に出ていたルトガー・ハウアー扮するレプリカントの金髪青年（もう青年って年でもないが）を地でいっている。アヴァタはラップトップ・コンピュータに、ネットで検索した各種昆虫型ロボット——芋虫型とかクワガタ型とか——の写真をたくさんプールしていて、アシャンティは〝ロボットオー〟とよだれ垂らさんばかりに見入っていた。

レネガデは九十年代中期まではかなり成功していて、一時期はクラブに行くとレネガデ軍団がダンスフロアでひしめき、がしがし踊っている状態などもあったらしいが、盛者必衰というか、ボウフラ道というか、その後の豪州経済の崩落とともに没落し、去年とうとうクローズすることになった。しかしそれでもファッションを愛するダイアンとダレンが兄妹一緒に今年新たにスタートさせ、心機一転ブラウンスウィック通りに店をオープンさせたブランドの名前がTNK（Tomorrow Never Knowsの略）である。〝明日なんて知らない〟ーつまりまったく反省もしていなければ、ギアを激しく落とす気もないんである。励まされる。こーゆー義妹／義弟（といっても彼らのほうが年上なんだけど）を持ったのも宇宙のはからいであろう。

ダレンとダイアンは自宅に〝Zipper〟〝CUTiE〟などの日本のストリート系ファッション・マガジンが山のように積んであって、日本人形や浮世絵や駄菓子なんかがやたらとキッチュに飾られていて、ウルトラ怪獣系もモッチローンわらわらあって、アンドリューはさらにこれにボアダムス好きなどが加わり、皆相当な〝日本文化狂い〟。

ハリマオさんが今回お土産でアンドリューに持参した雑誌スタジオ・ボイスはなんと〝ボアダムス特集〟。さすがティル家の常連客。アンドリューは相当うれしそうだったが、〝俺読めないよー、コージーさー、夜に俺が寝るときにさ、お母さんが子供に絵本読むみたいに訳して読んでよー〟というので笑った。星の王子様ならぬボアダムス特集を聞いて眠りにつくアンドリュー。似合いすぎである。

こういった面々に囲まれて過ごす家族林間学校。ハッキリいって変である。そして楽しい。

今回バリをはじめて出た一歳の娘エマは、もう一日中ハイパー状態で、そこらじゅうを裸足で歩きまわっていて夜も十一時ころまで起きているありさま。やっと寝かしつけ、ベッドから這いでると、夜というのにテクノなサンバイザーを頭にかぶってバギーパンツをはいたダイアンとアヴァタがパンにホモスを塗ったものをもぐもぐ隣りで頬張っていて、〝さっ、遊びにいってこよー〟とケムリのウエストバッグを装着して出ていくと思えば、ハリマオさんは〝これからサイモン（Hesius Dome）とガス（ギャロの本名）のライブ録音する〟といってシークレット・サービスのようにジャケットの下（夜は凍えそうに寒い）にDATを仕込んでいたりする。〝オーストラリアのオズボーンズ〟というフレーズが頭をよぎる。

客はかなりドレッドおよびクラスティ度（ハードコアなヒッピー）高し。というか、一カ所にこんなに西洋人のドレッドが集まっているのを初めて見た、とゆーくらいヒッピー度（それもかなりハードコア）が濃い。なのだが、そこはさすがオーストラリア。いかにもオーストラリアっていう感じの〝テクノ・ゴス〟もかなりいる。テクノ・ゴスっていうのは、つまりテクノ風とマリリン・マンソンみたいなゴス系のファッションがミックスされた格好の人たちで、これに八十年代なスパイスがガンガンに入ったファッションはすごーく見ててオモロい。寝ている子供たちの見張りをギャロたちと交代しながらチェックした、こーゆー人らが入り乱れた夜中のダウンビートのダンス・フロアはもー異界でした。

黒いシルクハットに赤い水玉のネクタイを絞めたゴス・メイクのお姉ちゃんが太極拳を早送りにしたよーなダンスを100BPMくらいのダブで一心不乱に踊っているかと思えば、ギャロのまったくビートのない曲で床を芋虫のようにのたくっている人もいる。

満点の星空の下、広場の真ん中には使い道のまるで不明な高さ五メートルほどのビニール製巨大マシュマロがブラックライトに照らされドデンと鎮座していたり、丘の上にはあのUFOが狂い咲きのミラーボールを内包しつつ停泊している。。。古典デコのガネーシャ系のバックドロップも、蛍光ストリングのデコもないかわりに、ヘンテコでキュートでかわいいものがたくさんある。

この、デコもクラウドもカラフルでポップ、キッチュでファンキーでSFしているっていうのがやっぱりオーストラリアのパーティーの醍醐味で、アシャンティたちの目にはきっとこれは〝不思議の国のアリス〟の世界みたいに見えたんだろーなー。キャタピラもでかい水パイプ抱えてそこらじゅうにいるしね。

なーんかこれに近い感覚ってあったなあ。。と考えたら、それは一九九九年に行われたアメリカ/ブラックロック砂漠での〝バーニング・マン〟だった。二万五千人が砂漠の真ん中で一週間キャンプすることによって奇妙きてれつな〝街〟が出現してしまうあのスケール感には遠く及ばないけど、このユーモアがあってファンキーな感じ、少し似てました。

最終日の午後、プール（ちゅーか貯水池みたいな感じ。ティー・ツリーの樹液が溶けこんだ、茶色の天然のハーバルバス）サイドでジェフリー（リップ・ヴァン・ヒッピー）、あたし、その日現地に到着のkotaro君、そしてギャロとつないでＤＪ。エレクトロな音で踊る人、裸んぼになってプールで泳ぐ人、走りまわるお子たち。。リラックスしてて楽しかったです。

カンガルーも敷地内にいっぱいいるらしいんだけど、残念ながら音にびっくりしてどっかに行ってしまっていたらしく、パーティー会場では遭遇せず。ただ、ちっこい彼らのうんちはそこらじゅうにありました。

今回のオーストラリアへの旅は（といってもわずか九日間）、自分のボウフラ史上はじめて（前々回日記Lotus-eater参照）〝定住〟した場所をひさびさに出てみた旅だったわけなんだけど、感想としては、なんか〝楽しむココロに余裕のあった旅〟だったなあ、という感じ。

そりゃそうだよね。どこで何してても、何食べてても、〝この旅のあとはどこに行ってどこで寝るのか〟〝寝る場所は確保できるのか〟〝自分たちの家をいつ借りるのか──そんな日はそもそも来るのか──そもそもどこに住むのか〟なんてゆー疑問をいっつも眉間に貼りつかせながらじゃあ、そりゃあどっかヘビーですもん。今回は起こってくる出来事に対して、すごく自然体／ほとんどウケすぎってくらい楽しく／ヤムヤム（美味しい）に満喫しました。

次回からはまたバリ島に戻ってのエピソード、kotaro君と美龍を連れていったウブドの摩訶不思議な館に住んでいるアーティストの友人の話なんかをしようと思います。

んじゃ〜。

## 2005.02.24 22:52

### 太陽に発情するとき

今日、クーでまわしたあと、女友だちふたりとワインを飲んだ。

彼女たちはアタシがゲイ、もしくはバイ・セクシュアルに見えるという。

びっくりした。自分ではストレートそのものの外見をしてると思っていたから。突っこむと、〝いや、レズビアンに好かれそうな外見ってこと〟という。

えー？　でもそういえば、確かに、過去どこに行っても、バイセク、もしくはレズビアンの方々からの好意はかなり受けていたかも。。。

でも、デザイナーや絵描きや、その他のクリエイションをしている人なら特に、多かれ少なかれ、同性のもつ肉体の造形美、センシュアリティ、官能性に対する感覚は敏感であたりまえだし、人が潜在的にバイセクっていうのは、ごくあたりまえな話だと思うけど。

その後、オースラリアンの女友だちが、〝絶頂（すごい言葉。ハズカシー）のとき日本語でなんていうの？〟とゆーから、イクだよ、と教える。そうしたらもうひとりが、

〝インドネシア語では、なんとかかんとかっていうらしいよ〟と、呪文のような言葉をいう。直訳すると、

〝アタシは雨に降られたい〟っていう意味とのこと。

えー、素敵すぎるーと思い、ちょうど通りすぎたゲイのウエイター君をつかまえて聞くと、

〝イク〟はインドネシア語でもバリ語でもやっぱり〝イク〟だという。

〝うーん、それは、その人独自の言い回しじゃないすかねー〟と彼。

だとしたら、なんて詩心のある絶頂言葉。感銘した。

そのあと、まーいろいろ関連した話をしたわけなんだけど、

〝アタシはベジタリアンには発情しない〟とゆー不思議な事実に気づいた。たとえば、（今

の旦那とくっついてからはお行儀よくしてるけど)、外見的にすんごい自分好みの男性がいたとする。で、なーんとなくフラチなキモチがこみあげてきてもですね、〃俺、ベジタリアンなんだよね〃といわれた瞬間にそれは〃太陽のシタの氷のかけら〃のよーにスッと消滅する。。わけ。

なぜだろう。と思い、さらに想像をたくましくすると、発情というのはアタシにとっては、〃その相手には侵略されてもかまわない。もしくは侵略されてみたい〃というパーミッション(許可)/キモチに近いわけ。

で、たとえば、あたしの趣向は、〃ライオンやチーターやブラック・パンサーには侵略されてもかまわないが、山羊やマーモットやきりんには侵略されたいとは思わない〃というふうに置き換えられるかなと(?:意味不明。まー、マーモットもしたいとは思わないであろうが)。

いったいこれは、自分が丙午《ひのえうま》で獅子座という星回りによるものか、それともマンモスを追っかけていた雄に依存/繁殖してきた人類のDNAによるものか、ワタシの前世がサディスト的な草食動物で、補食されたときに絶頂しながら死んだからなのか、皆目わからない。が、興味深いと思ったので書きました。

あ、あと、これをもっと極限にまで押し進めると（しつこい？）、たとえば、サハラ砂漠かなんかで迷ってしまい、もう駄目だ、脱水状態で死まであとわずか。。となったとする。で、そのとき、頭上にぎんぎらぎらと照りつける太陽に〝存在の完璧なる降伏〟を自分が今、献上することを実感した瞬間、その目もくらむヒカリのなかで太陽の侵略行為に身を任せ、絶頂しながら死を迎える。。ってこともあるのかな、なんて思いました。

ちなみにうちはアタシ、旦那ともども肉食です。順調に繁殖もしています。めでたしめでたし。。。

## 2005.02.28 03:00
### 月がまるい週末

子供がらみの行事がやたら多いここ。筋金入りのパーティー・ピープル兼親、ってゆー人たちが自分ふくめやたらいる島（の小さな一部分だけど）なので、それプラス満月と週末が重なると、もう果てしがない。快楽遊牧民たち、もしくは快楽多国籍軍の島内移動は続く。。。。

土曜日、スタジオで仕事。三時から友人リアットの娘、オリアの四歳のバースデイ・パーティーがあり、アシャンティ&エマはケーキ／お菓子／キッズずくめでハイパー状態。彼女はZullaというベジタリアン・レストランを経営していて、彼女のホーム・パーティーではとてもおいしい食事が出る。

その後、疲れて眠いキッズはケテュットちゃんと家に残し、七時から二日後にシドニーへ引っ越してしまう（といっても年に三カ月はバリらしいけど）ニック&クレアの家でさよならバーベキュー。chiemi&davidもきてる。ニックはBuddhist Punkをやめて、Runnwaymonkとゆー自分のブランドを準備しているのだけど、今度manboという会社にチーフ・ディレクターとして呼ばれ、そこからモンクの服も出すという。で、シドニーに移って、向こうでもーバリバリにやったるでーといつものようエネルギーいっぱい。ニックはいつも新しいプラン／アイデアをしゃがれた声で機関銃のようにまくしたてる。そーいえば、まえにニックから、〝独立記念の特別限定で、ボウソウゾクが着ているような長いコートつくるから、これ漢字とひらがなに訳して。背中に刺繍でイレっから〟といわれて渡されたのが、〝RUN-AWAY MONK, NO FEAR, NO EVIL〟とゆー文で、〝長くね。シブく。4649〟と注文され困ったすえに、〝流浪僧坊恐れるものなし、邪悪寂滅〟と訳した。

〝ルックス・グレイト！〟とゆーのでマジかよーと内心爆笑だったんだけど、あれ、どーなったんだろう。

そういえば余談だけど、以前、友人ブーツが念願の黒いSUZUKIのバイクをついに購入したさい、〝カッコいい漢字の文字を入れたいから何か考えてくれ〟といって家に来たこともあった。張り切ったあたしは考えたスエに紙にすらすらと書きつけた。

それは、〝鮮魚宅配〟の四文字。

〝シブいなー〟とうれしそうなブーツ。

しかしプロのブーツはアタシの笑いを押し殺した目がカマボコ型になっているのに目ざとく気づき、〝テメー、ナーンって書いたんだあ～～～、あ～～～ん？．？．〟と自白を迫る刑事のように詰め寄るので、仕方なく事実を告げると、

〝オメーなー、ヤッベー、ふ～～～、ヤバいところだった〟とビビっていた。

結局、入れたのは本人の希望で、〝下着濡れ装置（Pantie wetting machine）〟であった。

なんだかなー。

もしバリで、髪の短いロッド・スチュワートにそっくりで、そーゆーバイクに乗っている男を見かけたら、〝あのーブーツさんですか〟と声をかけてください（本人承諾ずみ）。

話はこの週末へ戻る。そのあと、午前十二時から、タナロットのそば、セセック・ビーチにあるプリ・セジャという瀟洒なヴィラで二時間ＤＪ。この日はイタリア人キコのバースデイ・オールナイト・フルムーン・パーティー。彼はトランスのパーティーがあると必ず来ている。このヴィラは、まわりが森で、敷地内に小川や小さな滝、プール、丘なんかがあって、水の流れがそこらじゅうにあり、セミ・アウトドアのバスルームも貝殻をたっぷり使ってデコしてあって、ビーチのすぐ横なので、すごく自然と一体化している居住空間って感じで素敵だった。

ひさしぶりのフリー・アウトドア・パーティーで、イビザのディープ・トライバル・ハウスのＤＪもまわすということで四百人ほどが、起伏のある庭にぎっしり入った。

あたしもパンクでファンキーでロックでダーティーなエレクトロニカを二時間ぶいぶいと。。だったんだけど、なんと、着いてすぐに判明したのは〝電気がない〟とゅー事実。とゅーか、キコがこの夜のために電力会社とかけあって、サウンド・システムに足りるだけのエクストラ・電力を二十四時間だけ供給してもらうという話をつけて、もうお金も払ってあって、昼のサウンド・チェックのときは問題なかったのに、夜になったら、ゼンゼーン低い電力しかなかった。。ということらしい。ありがちな話である。

しかたがないので、急遽ブース・モニターをDJブースの外に置いてプレイ（途中でジェネレーター無事到着）。でも、友だちもたくさん来てたし、みんな楽しそうに踊ってたから、とりあえず楽し／よかった。

前出のリアット（BORG参照）やブーツにネヴィ、ニック&クレア、チエミちゃん、ニヤもいてスピーカーのまえで踊りまくりで夜はふけてゆく。。。と思ったら、三時ごろ帰宅するつもりだったのに、ゲスト・ルーム（といってもダンス・フロアのすぐ横）のベッドであまりの疲れで気絶してしまい、夜明けに起こしに来てくれたchiemi&davidと車で帰る。帰るまぎわに見たら、リアットはまだガンガン踊っていた。あと、いつものイタリアン・クルーも。

ウェイ・ホーム。このヴィラから十分あまり、なだらかにつながりながら、どこまでも広がっていくライス・テラスが一望に続く。刈入れ間近のたわわに実った稲穂群が、まさに昇りはじめた朝日を受けて金色に揺れているさまは、ため息がでるほど美しい。なんだかふと、〝風の谷のナウシカ〟のワン・シーンを思い浮かべた。

デイヴィッドは〝このあと、また俺だけ戻ってDJだー。眠いー〟と運転しながら眉間に皺《しわ》がよっている。

今夜はずいぶんハイパーだったけど、いっぱいお酒のんだの？　とデイヴィッドに聞かれたチエミちゃんは、〝ううん。ダンスだよ。ちょっとお酒と、純粋にダンスだけ。いっぱいダンスしたから。やっぱりダンス。。〟っていって開け放した窓から金色のライス・フィールドを目を細めて眺めている。

日曜日、というかこの半日後、今日も注ぐぎらぎらの太陽光線を窓ごしに恐る恐る拝みながら、ぐらぐらのアタマを何とか起動し、スタジオでどうしても二週間中に終わらせなければいけない仕事をしていると、四時間ほどまえにケテユット、コマンと出かけたアシャンティ&エマがロハン（ブーツとネヴィの息子）の六歳のバースデイ・パーティーから戻ってきた。

〝なんでギャロとコージーはこないんだーってブーツとネヴイがめっちゃ怒ってたヨー〟

とケテユットちゃん。

わかってる。。てゆーか、昨夜、あんな遅くまで遊んでたふたりが今日の午後ちゃーんと子供の誕生会を開いていたという事実にアタシは感嘆する。プロである。

そーいえば、ブーツ、〝ロハンの誕生会のあと、夜は大人のパーティーにするから。大人もデカイキッズだから、両方やんないと。来てね。4649〃って張り切ってたもんなあ、と思うものの、身体はウミウシのように重く（?・）、フットワークまるでなし（ってゆーかウミウシはフットないのか）。

〃行ってきたほーがいーよ。マジで〃

とケテュットちゃんにいわれ、ギャロとふたりでキッズも寝た八時ごろ恐る恐る（?）出かける。彼らの敷地の入り口にでで～んと鎮座ましましている、巨大なブッダの顔（ブッダというよりもタイソンに似ている）の金色モニュメントがアタシたちを羅漢さまのように睨んでいる。

ホッ。

着いてみたら、四人ほどのゲストを残して、大人も子供も潮のように引けたあとであった。

ギャロはブーツたちとビール、あたしはすでにシャワーもあびてリラックス・モードのネヴィ・マンマとプールの横にあるボレ（高床式のなごみ場所）でまったりタイム。

ネヴィの激しくイタリア訛《なまり》の入った英語と、アタシのジャパ英語とで交わされる会話は、ときに〃いったいこれは会話なのであろうか〃というヘンテコな展開を見せる。しかもネヴィの話はとめどなくあちらこちらへ飛ぶのでなおさらだ。

アタシが彼女の話の途中で迷子になり、

〝んー、ってことは◯まるまるってことなんかい〟というと、

〝そう、□カクカクなんよ〟といって、まったくアタシの解釈が及んでいないところへジャンプ・スキーではるか飛び、その地点からまったく違う話が始まっている。。というのも常である。

でも、月明かりの下、彼らの家のスピーカーから聞こえてくるアンビエント・ミュージックに虫の声がまざったのをバックに、そんなネヴィのいつ終わるともしれないつれづれ話に耳を傾けるのは楽しい。途中で何の話かわからなくなっても、耳に入ってくる全体の音がハーモニーに満ちた即興の音楽のように聞こえてくるからだ。

今日のロハンのバースデイには全部で百五十人来たという（そのなかで子供は四十人）。。すごすぎ。。彼らの住んでいる敷地はまるで小さな村くらいもあるのでそれもできる。二キロ分のピザも三キロ分のパスタも全部消えた、とネヴィは誇らしげにいう。さすがイタリアン・マンマである。

家の軒先にぶるさがった色とりどりの風船、椰子の木のあいだに渡された〝1 GOD、1 PLANET〟って文字の入った地球絵のバックドロップ、ヒンドゥー神のカラフルな布など

がパーティーの余韻を伝えてくる。

唐突に、ギャロたちが話しているゲストのひとりを指差して、ネヴィが、〝あの人ね、デイルっていって、昔あたしが見てたカウボーイ映画にも出てたんだよ。今ね八十五歳なんだよ。かっこいいでしょ〟というので驚いた。

どう見ても六十五歳くらいだと思っていた。

身長は一八〇センチほど、すらりと伸びた手足はよく日焼けして、なめらかなふくらはぎ。肩まで伸びた髪はさすがに真っ白だが、つやもあるし、ふさふさと波打っている。

それに身のこなしも、歩き方もしゃんとしている。

それに何より、目と身体の内部から生気に満ちたエネルギーが伝わってくる。

帰る車のなかで、同乗したデイルと話したら、バリに住んで二十五年なのだが、〝スペインに農場を持っていて、そちらにも年に数カ月は行くから、ここだけに定住ってわけじゃないんだ〟とのこと。どこの国の人なのかなあって思ってたらスペイン人だった。そういえば、どことなく、柔らかくしたサルバドール・ダリっていう雰囲気がある。

アタシたちが車を降りるさい、さようなら、っていったあたしの手をとって、〝グッド・ナイト・マイ・ディアー〟といって、手のひらに軽くキスをする仕草がとてもスマートだった。八十五歳なんだって、といったら、ギャロも〝えー、いってても六十五くらいかと思っていた〟とびっくりしていた。

別れたあとに、涼しげな鈴の音のような余韻の残る好人物だった。そして現役の遊牧民。

プロの上にはプロがいるもの。。。。

## 2005.03.01 01:40
## Sweet Dead fruits

夜十一時。闇の向こうから微風にのって、誰かがマイクを使ってヒンドゥー教の教典を読んでいるのが聞こえてくる。それとも、昔話かもしれない。

ヒンドゥー教の大事な夜などにはよくこれが聞こえてくる。かなり長い時間に渡って続く。バリには村ごと、町でも区域ごとにバンジャールという、町内会の集会場みたいな建物がある。そこから、白い正装に身を包んだ熟練者が高い不思議な声で唄うようにとなえ続ける。

かなり大きい音で流しているから、バンジャールの隣り近所の家は耳栓でもして寝るのだろうか。

でも、風に乗ってここに届く分には、ちょうど風情があっていい。あたしはこれがとても好き。これが聞こえてくると、かけていた音楽を止めて、お気に入りの本でも持ってベッドでゆっくりしたくなる。

ウブドの、とある村のはずれに住んでいたころ、バリのお盆であるガルンガン、クニンガンなどのまえには、何日も何日も夜になるとこれがえんえんと聞こえてきた。大地には漆黒の闇、それでも何とかぼんやり空にシルエットが見える椰子の向こうから、奇妙な蛇のように這ってくるような声に魅了された。

〝あれは、古代サンスクリットだから、全然何をいっているのかわからないよ。俺の親父もわからないいんじゃないかな〟

そのころ住んでいた家の大家であるバリニーズのマデはいってた。

彼は以前ウブドの王家が住む宮殿の警護を長く務めていた人物だが、それでも知らないという。

〝むかーしに起こった出来事を話してるんだよ〟

とマデはいったが、彼にとってもあれは音楽のように聞こえていたのかしら。

もうひとつ、ウブドで忘れられない光景がある。

バリに越して最初の四週間を過ごした家は、どこまでも続く田んぼの真ん中にあった。刈入れが終わった時期のほんの限られた期間だけ、夜になると村の男たちが魚を獲りにくる。なんでも、水田にしか住まない特別な種で、どじょうとも小さなウナギとも呼べそうな魚でたいそう美味なのだという。刈り取った稲の根っこの部分は泥とかき混ぜてあるので、ただの沼のようになった田んぼを、びくを腰につけた二人組の男たちがゆっくりと歩きまわる。ひとりがカンテラを手にぶらさげて、もうひとりが網とつつく棒のようなものを持って。腰をかがめて、彼らにしか見えない魚のいかにも潜んでいそうなポイントをつつく。

あたしはそのとき二歳まえのアシャンティとふたりで平屋づくりのその家に滞在していた。大きなベッドに息子を寝かしつけ、横に並んで横たわったまま、ふと窓を見たら、大きな男のシルエットがカーテンに黒々と映っていたのでひどく驚いた。しかも、その影はいきなり異常に大きくなったと思うと即座にしぼみ、また左右にゆらゆらと揺れ動く。恐る恐るカーテンの隙間から外を見て謎が解けた。

それは、家から少し離れた田んぼのなかを歩いているその二人組の、一人の持つカンテラの灯《あか》りが揺れるのにつれて、その灯りをたよりに魚を探している男の影が、ちょうど影絵のようにあたしたちの寝室のカーテンに映っているのだった。

暗い室内にほのかに漂うインセンスの香りと、低く流れるアンビエントの曲にあわせて偶発的に繰り広げられる即興の影絵劇。不思議な時間をひとときを過ごした。あれは至福だったなー。

今住んでいるセミニャックは、便利で社交の機会もたくさんあっていいけれど、でもほんとうのバリじゃないと思う。〝ディズニーランド〟ってあたしは呼んでる。ミッキーにミニーマウスにグーフィーがいっぱい、自分も含めてランランラン♪ラッキーだったら路上でバリニーズのセレモニーにも遭遇できるだろうけど、それはまるでエスニック・アトラクションのようで、ひとときのちにあとかたもなく消え去ってしまう。

それでも、アジアのうごめく生命力が空気中に満ちているっていう場所に住むのは、それだけでこっちも元気になる。

ここに来るまえはイギリスの田舎に住んでた。とんでもなく辺鄙な場所で、まわりはぐるりと丘や牧場にかこまれ、窓からは舟虫のようにわらわらと緑の地面にへばりついている牛や羊が見はるかす彼方までみえた。てくてく二十分ほど歩くと、建てられてから五百年はたっている古式ゆかしいパブがあり、毎日夕方ともなれば村に一件しかない肉屋のオヤジだの地元のチーズ工場で働いている中年男性だの、ここらの農場や牧場をきりもりしている日に焼けた連中などが集まって代わり映えのしないゴシップに花を咲かせていた。彼らはあたしのことを中国人だと思っていた。タイだかミャンマーだかともかくあのあたりの国からだと思っている連中もいた。あたしはあえて訂正もしなかった。違いを説明したところで彼らには何の意味もない。彼らにとってアジアの国は、どれも同じようなヘンテコな言葉を話し、今だに皆劣悪なトイレ設備を持つに違いないひとつの混乱した固まりでしかないのだから。

そこからまた二十分も歩くと小さな村があり、昼の十二時で閉まってしまう薬屋だとか、ちぎれて陽にさらされた靴ひものようなベーコンをそえたスクランブル・エッグなどを出す食堂、動物園のラクダみたいな目をした娘がレジに座った小さなスーパーだとかがあった。冬の夜の六時にもなればオレンジ色した街灯に照らされた通りには人っ子ひとりいなかった。おぞましいほど健康的な場所だった。

ウブドだって田舎だし、夜もそんなにエンターテインメントがあるわけじゃないのに、不思議とストレスがなかった。というより、その不便さも好きだった。アジアの田舎。いいなー。

もし、幸運にも長くこの島に住めて、子供たちがある程度大きくなったら、また山奥に引っこむのもいいなあって思ってる。ジャングルとライス・フィールドと渓谷の見渡せるような場所を見つけて、スタジオをつくって、遊牧生活のパオみたいな居心地のいい家にして。

そして、空気中には官能的で甘い、腐った南国の果物の香りがいつも満ちているんです。

あたしが枯れたおばあちゃんになっても。。。

## 2005.03.02 03:16
## Turtle Dash

自分のアルバムがやっと完成に近づいてきた〜〜〜。ゼンレモではなくてソロの。イギリス時代の曲は全部お蔵入りにして、バリに引っ越してからちょっとずつ作りためてきたのがやっとだあ。前作（デンマークのレーベルから出したエレクトロニカ・アルバム）から、はや五年がたっている。。。ありゃ〜〜〜〜〜?? ボウフラじゃなくって亀だ〜〜〜

〜〜！！

音楽つくるときは、スタジオに二台あるマックのうちの音楽製作用メイン・コンピュータを旦那と時間わけで、かわるがわる使ってたのと、集中できるのはたいがいキッズが寝てからなのと、G4におけるメモリーの限界もあって、チョイ止まってたんだけど、G5をスタジオに入れてから超ワープ！　新しいプラグ・インの重ね使いも、オーディオ・データの処理も問題なし／速い／パワー！！

今までトラクター運転してたのが、急にF1乗ったみたいだじょ〜〜！！（両方とも乗ったことないけど）

これで何とかあと二週間で終わらせて、オーストラリアでマスタリング終わらせて、ジャカルタでプリントして、ディストリビューターにサンプル送って、あ、カバーつくんないと、ぐるぐるぐる◎◎◎◎◎ぐーぐ〜〜〜〜〜〜〜〜。あ！　寝てる場合か！

このあと、ゼンレモ・二枚目終わらせます。ことしはゼッタイ。。　たぶん。。。。。

（お、今日は簡潔に終わった。やればできるじゃんあたしも！）

## 2005.03.05 20:54

# キャビン・フィーバー

スタジオの窓から見えるのは、どんよ～りした曇り空。今日のあたしのコンディションみたい。。。

ゆうべは、イダ君という若手の日本人フォトグラファーが訪ねてきてくれて、楽しい時間をすごしたんだけど、朝起きたらここ二週間患《わずら》ってる風邪が悪化していた。まるで肺病のような嫌な咳と熱。クスリを飲んだらぼ～として、しかも不機嫌になっちゃった。ケテュットちゃんとコマンもそれ気味で、鼻をすすっている。そして、娘エマはアタシ以上に悪くて熱が下がらないので、今日とうとう病院へ行ってみてもらう。ただの風邪とのことでひとまず安心。でも泣いてむずがってかわいそう。

子供のころ、ひどい喘息もちだったあたし。息子アシャンティもそれ気味で、昨年七月にとうとうこじらせて気管支肺炎になってしまい、バリの病院に三日間入院して、点滴で抗生物質を受けたことがあった。。あのときほど、〝異国で暮らすリアリティ〟が身にしみたこともなかった。精神的に不安なのもあるし（たとえばこれがもし難しい病気／ケガで悪化した場合、ここでは適切な治療はむりだからシンガポールなんかに速攻でいかないと危ない）、健康保険なんかないから、二泊三日の入院とベーシックな治療だけで六万円以上請求されるという経済的な現実もあった（日本とくらべて高いのか、安いのかよくわからないけど）。もちろん、そんなのはいくらかかっても、ここでウケられるベストな治療を、って思うのと同時に、今後家族に起こりうるいろんな事態を想像して、もっと体制（緊急空輸を含めたハイ・ケアの家族保険に入るとか）整えなきゃ。。と反省／どきどき／もっと稼がなきゃあってプレッシャー、いろいろで頭はぐるぐる@@@〜〜〜〜だった。

バリでこそ謳歌できる生活のクオリティの高さの反面、そういった医療／教育／ビザにかかる費用はバカにならない。たとえば、あと二年したらアシャンティは小学校に入る年。で、ここのインターナショナル・スクールの小学校一年生だと、ひとり一年間の費用が約百万円（もっと高いスクールもある）。あと、ビザはうちの場合、キタスという、正規インドネシアン・レジデンシーのビザを持ってるんだけど、それの延長費が四人分で毎年二十五万円ほど。。（しかもどっか行くたびに出国／帰国税がひとり二万円かかる）などなど、まーいろいろかかるわけ。それでも、ここで生活したいって思うからベストつくしてるんだけど。。

ここんとこ、忙しすぎて、子供たちとゆっくり過ごしてないっていう後ろめたさもある。

今、同時進行でかかわっているプロジェクトが四つ、プラス今度二つＷＥＢ（自分のとレーベルの）作るのにデザイナーと打ち合わせ／コンテンツ集め、毎日スタジオにカンヅメでやってるアルバムはあと二週間であげないとスケジュールに間に合わない、ＤＪのブッキングもあるetc. etc.。。。 でもう頭とけちゃう！！！！

あ〜〜〜〜！！！ 早く全部終わらせて（もちろん全部満足いくクオリティで！！）、スケジュール白紙にして、ゆっくりキッズと過ごしたい。今の身近な夢は、バンを借りて、なかにコンフィなクッションとかいっぱい積んで、キッズと旦那をのせて、バリの北部／内陸部のUntouched（クタみたいな西洋化のあまり進んでない）な村や自然のなかを一週間くらいかけて旅してまわること。去年からずっとやりたかったこと。

はやく、やれるとい〜な〜。

今夜はこれから、The Yakという、こっちのマガジン主催の年一度のパーティーでＤＪ。

鼻水、デッキの上に垂らさないよう気をつけなきゃ。。。

あ〜〜〜、今日はなんかぐちっぽくナッチャッタ。。。 ごめんね〜〜。次はまた楽しい話題書きます。

じゃあ、行ってきまあ〜〜す。

## 2005.03.12 17:24
## ガルンガン、オゴオゴ、そしてニョピ

スラマット・ハリ・ラヤ・ニョピ〜〜〜！！　バリ暦上、一年でもっとも大切だとされる三日間の祭日がついに終わった〜〜。

今週なかば、九日（水曜日）がバリのお盆はじまりであるガルンガン、十日がオゴオゴの日、きのう十一日がバリ新年のニョピだった（カタカナで書くと、一層キュートな響き。。。）。

この三日はそれぞれ、バリ暦でめぐり数えられるので、トーゼン現在フツーに世界で使われているグレゴリオ暦（太陽暦）とは微妙にずれてくる。で、毎年、それらの祭日はアタシたちのカレンダー上ではまったく違う日に行われる、とゆーことになる。

一年にそれぞれ二回（二セット）あるお盆はじめ〝ガルンガン〟&お盆閉じ〝クニンガン〟なのだが、フツーはニョピとはまったく違う日。ところが今年はそのお盆と新年が暦のめぐりあわせで重なってしまった（詳しいことは聞かないで。。バリ暦ってゆーのはすんごく複雑なシステムらしいので。。。）。

で、ダブル祭日となった今回は、イルとコマンは一週間の休暇をとって故郷のクラガサン

に家族ともども里がえり。我が家の頼もしい助っ人、もしくは〝バリ版メアリー・ポピンズ〟であるケテュットちゃんも火曜日の夜から四晩五日の休みをとって実家へ帰った。

ガルンガンには我が家のある土地の持ち主であるワヤンの家族の女性が、正装した姿でオフリンをしにきた。鮮やかな色合いの、半分透けたレース編みの上着〝ケバヤ〟をつけて、やはりカラフルなバティックのサロンをぴったりと腰に巻きつけ、きゅっと腰の上でサッシュを巻いた格好だ。

寺院でのセレモニーに赴《おもむ》く人々を見れば、男たちは老人からよちよち歩きの幼児にいたるまで皆真っ白なスタンド・カラーの上着に、カラフルなサロン、頭部には複雑なかたちに布を折り畳んだハチマキのようなデスターと呼ばれるものを巻いている。そして子供を除いては女性は皆頭のてっぺんに銀製の足付き皿を乗せ、片手をそえて歩いている。果物やお菓子などを美しく高々とピラミッド型にもりあげたものだ。

いつもながら、その光景は極彩色の夢のように美しい。。。

男も女もこの島の人々はほんとうにこの衣装がよく似合う。この服を身につけたとたん、ふだんは無気力に地べたに座りこんで通行人をただ眺めているだけのような男たちでさえ凛々しい色気をまといはじめる。また女は女で、五、六歳ぐらいの少女がこれのミニ版とでもいったものを身につけて紅を口にさしたところなどは、いかにも早熟なレディといった感じでかわいらしい。

また若い女性はいうに及ばず、どんな老女でも、でっぷりと太った女性でも、この姿で背を伸ばして立ち振る舞うだけで、急に華やいだ、あでやかな印象になるから不思議だ。あたしは彼女たちの正装を見るのが大好き。

ヒンドゥー教徒のローカルの家々には必ず一族の先祖の霊をまつる寺院や、家を守ってくれる力のあるポイントに置かれた祠《ほこら》などが六つほどある。また、我が家のようにエキスパ向けに建てられているヴィラやコテージ、ホテルなどにも最低二つ、異なるポイントに建てられたテンプルがある。

ひとつはその土地の精霊をまつるもので、聖なる山の方角を向いて建てられており、もうひとつはその家を守ってくれる、いわば霊的なセキュリティのような役目を持ったものだとケテュットちゃんはいってた。目のまえの闇のなかで小さく火をともすインセンスの煙をみながらあたしは想像してみる。。。最新テクノロジーによる赤外線セキュリティ・システムのように、赤い聖なる光線が祠を起点として、交差しあいながら外界との境界線をこのヴィラのまわりに張り巡らしている様子を。。。　サイバー・バリ。

敷地への出入り口、ローカルの家のメイン・エントランスにあるこの島独特の観音扉様式の門などの両側にも、極彩色の花などが描かれた木製のミニ・テンプルが備え付けてある。おみやげものなどを売っている店やレストランなどにもこれはある。そして、個人の家では最低五日ごと、多いところでは毎日、オフリンがインセンスやお供えものと一緒に供される。

我が家のスタジオの入り口にもこのミニ・神棚はあって、満月の日や、大切な日にはうちの女の子たちが必ずオフリンをしてくれる。

朝、表通りを歩けば、店のまえなどでオフリンをいくつものせたお盆を持った従業員の女の子がしゃがんでこの儀式をしているのによく出くわす。

白く可憐な花を小さなグラスなどに入っている水に一瞬つけ、その聖水をオフリンの上にしゃっ！！！　とまき散らす。その水は聖なる泉から汲まれてきたものだという。そのあと指で花を挟んだまま、その手を円をえがくようにゆ～っくりとオフリンの上でまわして最後に指をすっとのばしたまま停止させる。

ケテュットちゃんはある日オフリンをすませたあといった。

これをやると、そこの空気が何か今までとは違っていると感じる、のだと。儀式の最後にやる、あの指をすっとのばした状態の手をオフリンの上で停止させるしぐさにより、目に見えぬ結界がこの家のまわりに出現するのだと彼女はいった。

さてさて、ひさびさに家族水入らずになったれもん一家であるが、十日、オゴオゴを見にいくはずが、挫折。

オゴオゴっていうのは、バリ中にあまたある町内会〝バンジャール〟それぞれが腕を競って作る大きな〝デーモンのハリボテ〟である。

邪悪の化身であるオゴオゴをつくって男たちがそれを担ぎ上げて闊歩する。ウブドなんかでは中心地のサッカー場にこれが何十体と集結し、バンジャールそれぞれ趣向をこらしたユニフォームTシャツなどを着て参加するので、見た目もカラフルでフェスティバルみたいな空気がある。そのあと、オゴオゴに火をつけて燃やし、邪悪な力を天へかえす。

大きいもので高さ三メートル以上はあるものも。目の部分にはチカチカ光るライトが埋めこまれていたり、それがゆさゆさ揺れながら人ごみのなかを進んでゆく様は結構カタルシス。

ウブドにいたころ、二歳まえのアシャンティを肩車してそれを見せながら四時間も歩きまわったこともあった。。。

今年もあーゆーのミターイ、ミターイ、出店でお菓子買ってビール飲んで。。とはりきって着替えて一家で出かけたら、現在の我が家のあるバサンカサ・バンジャールのオゴオゴはじっとバンジャールのまえに鎮座したまま動く気配すらない。

〝このへんでやるコンテストにはいかないの？〟ってオゴオゴのまえに正装して立っている青年に聞いたら、

〝あれはクタだよー。このへんじゃ集合はやんないし、うちのはクタまでは行かないヨー、ここにいるだけ！！！〟というお答え。

クタかあ〜〜〜〜。交通止めで行き着くまでにどれだけかかるかわからないし、きっとあのへんじゃオゴオゴもスパイダーマンとかミスター・インクレディブルなんだろーなーと想像してやめた。

アシャンティは、真っ赤なボディを持つ巨大なデーモンを指差し〝サンタクロースー〟と呼んでいる。奴は二年まえ、真っ赤な天狗様のよーなオゴオゴを指差して〝ダディイ〜〜〜〟といったことがあった。酔っぱらったときの父親に酷似していたからであろうか。思えばあれが彼が口にだした初めての〝ダディ〜〜〟であった。（実のダディもちろんガッカリ）それにくらべたら進歩（？）である。

さて、明けて金曜日のニョピ。我が家には朝から緊張が走る。ってゆーのはオーゲサだけど。ニョピの日は電気は使ってはいけないことになっている。厳格にいうと、火さえ使ってはいけないのだそーだが、そこまでやる人はもうあまりいないとか。だから日没後は最小限のキャンドルの灯りだけで、音楽もＴＶもＤＶＤもなし。でも、エキスパたちのなかにはこれが煩わしくていやだという人たちも多いので、バリの数々あるホテルでは〝ニョピ・スペシャル〟と銘打って、移住者むけに格安のセット料金を提供するところもある。ホテル内でもモチロン灯りは控えめになるが、それでも皆ホテル内だと灯りつけたりＴＶ見たりするのも〝治外法権〟みたいな気がして楽らしい。

あたしは結構この禁欲的なニョピをやるのが好きなんだけど、去年はギャロのたっての希望でホテルにステイした。理由は〝大事なサッカーの試合があるから〟。。イギリス・ロンドンのサッカー・チーム、チェルシーの熱烈ファンである彼にとっては、衛星放送を見られることのほうが、地元のカスタムに敬意を表するよりずううっと大切なことなのであった。。。

なんだけど、今年は自宅にいることに。夜がくるまえに食事を作り置きしたり、キャンドルがそろってるか確認したり、エマのおしめをかえたりなんだのしてるうちに、マックーラ

〜〜な夜が。ウブドでは街灯すらつかないこの夜。窓ごしにみえる近所はここがセミニャックとは思えない漆黒の闇のなかに沈み、聞こえるのは犬の遠吠えばかり。。。

と、人間の不思議な性《さが》（？）か、不思議と話す声もひそひそ声になる。

〝サンタクロースのDVD見たあい〜〜〜〟ひそひそと、しかしキッパリとアシャンティ。

昼間のオゴオゴを見た残像からくる欲求と思われる。

〝ダメだよ。TVつけたら、オゴオゴが怒ってくるヨ。こ〜らあ〜〜〜〜って。いいの？〟

ひそひそとあたし。

〝オゴオゴウ〜〜〜？？い、いやだ〜〜〜〟

ひそひそと怯えてすがるアシャンティ。サンタクロースはいいが、暗闇のなか憤慨して訪れるあの赤ら顔の奴はやっぱり嫌なんである。

〝デショ？？　さ、さ、もー寝よーね〜〟

とひそひそ言い聞かせて八時に小僧をベッドに送りこむことに成功。エマは明るいうちに寝ちゃったし。わ〜〜い。何しよーかなー、ナニしよーかな〜と思うが、本を読むには今イチ暗いし、TVもだめだから、結局、暗闇のなか蚊帳つきのベッドの上で〝考え事〟をするハメに。とことんマイペースの旦那はレコード・ジャケットで窓をふさいだスタジオにいる。

〝DVD見よーぜハニー〟とうれしそうにいうが、断固たるあたしの拒絶にあい、ひとりで大好きなベトナム戦争の映画を見ることにしたもよう。

九時。のしかかる闇にくるまれての〝考えごと〟にも厭きたので、もう寝よー、と就寝まえのさっぱりシャワーをしに浴室へキャンドル持参で行く。

ゆらめくほの暗い灯りのなか水のはねる音を聞きながら、なんかこれってどっかで体験した何かに似てる。。とふと思った。。

あ〜。。思いだした。二〇〇一年の一月、モロッコの海沿いの風情のある街、エッサウェラの郊外にある小さなホテルに泊まったときだ。フランス風が趣味よく入ったかわいらしいプチ・ホテルだった。夜になると電気がないので、どの部屋もキャンドル一個だけが頼りで、浴室に行くたびそれを持って歩くので、ロウが垂れて熱かったっけ。。。

あたしは妊娠六カ月目で、サハラ砂漠にほど近いワルザザード郊外で開かれたダンス・フェスティバルに行った帰りだった。

妊娠中はトイレが近いので、夜中に何度も起きた。そのたび、真っ暗ななかで転んだらどうしようとビクビクしながら暗闇へ一歩足を踏みだしたものだ。フェスティバル中は、平気で踊って、石ころがごろごろした道を歩きまわっていたのに。

フェスティバルは楽しかったけど、そのあと、当時の住まいであったイギリスに戻ってからのことを考えると気が重かった。仮の住まいである田舎に帰るのもおっくうだったし、そのあとの〝一からの生活立て直し〟を考えるたび、闇が実際の闇以上に暗く思えた。すべての出来事は必然で、運気の低迷期ですら、そこに何かしらクリアしなければならない宿題があるから起こってくるのだ、とアタマでは理解していても、ココロが〝できることなら余計な苦しみはしたくない〟と意固地に抵抗をしていた。

あれからおなかはさらに膨らんで、いったんペッタンコになり、再びパンパンに膨らんでまたシボんだ。月の満ち欠けならぬオナカの満ち欠け。その暦が作動していたときは、まったく自分だけの時間軸のなかで、すべてが進行していた。希望も絶望もみんなその時間軸のなかで絡まり合ってアップアップと浮沈してた。でも〝一からの立て直し〟は結局何とかなったし、あたしは今こーして鼻歌なんか唄ってシャワーを浴びている。あの旅で街から聞こえてたのはコーランだったけど、今、闇のなかではヒンドゥーの吟唱が朗々と響きわたっている。

その翌日、つまりこれを書いている今日からはバリの新年。マヤ暦みたいになんか特別な名前とかあるんだろーか。。さっき帰ってきたケテュットちゃんに聞いてみよーっと。。

今日の日記、すんごい長くなっちゃった。。ありゃ〜、書きすぎ！！！

次回は簡潔に！！！　ココロに誓うアタシ！

んじゃ、またあ〜〜〜〜〜〜〜！

## 2005.03.12 19:55
## Ogo Ogo Rocks

クタ〜〜？　と前回書いたら、直後に電話で話したクオンタム・リープのイランが、

〝それ行ったけど、スゲよかった。予算たくさんかけててダイナミックだったし、デザインも優れてたし、あんまり混みすぎてもなかったし。。〟と。

しまった〜〜〜〜〜！！　行けばよかった〜〜〜〜っっ！

さらに、

〝そのあと、チャングー（うちから車で十分ほどのとこ）行ったけど、そこのはさらに濃く

って四百人以上バリニーズだけ、ツーリストほっとんどイなくてヤバかった〃との追い打ち。しまった〜〜〜〜！！！！　行けばよかった！！　しくしく。。

## 2005.03.14 02:45
### メモの空中庭園

今日、知人宅でおいしい手作りのメキシコ料理を御馳走になった。なかでも、庭に生えているサボテンをつかったサラダが逸品！！！　だった。オクラみたいなねっとりとしたサボテン葉肉とよく冷えたキュウリ、トマトの角切りを一緒にして酸っぱいドレッシングと和《あ》えただけの簡単なものだけど、すご〜〜〜くイケル。ビールにも合うし、豆いりご飯なんかと一緒に食べても箸（あ、スプーンね）がススム。そして、あたしにとってこの一皿は、〃味覚をパスワードとした過去へのトリップ〃を引き起こす一皿でもある。今日もそれはやってきた。

これを味わうたび脳裏に蘇るのは、メキシコでお世話になったメモというアーティストの館での日々。あれから五年近くが経過した今となっては、あれは竜宮城のような、常人が簡単にはアクセスできない魔法の結界のなかのような場所だったのか、それともやはり現実の場所だったのかわからなくなることがある。。。。

今日は、その話を書こうと思います。

ここは空中庭園だ！！！

あたしははるか眼下にのっぺり灰色にそして茫洋と広がるスモッグのなかのメキシコ・シティを眺めながら思う。海抜が高いせいか、ここの空気はとても澄んでいる。シティがたとえばカクテルのいちばん底辺部、ひときわ濃い色をしている部分に沈んでいるものだとすると、ここはグラスの縁に接した最も色の薄いあたり。。。あそこまで潜っていったら、あたしは一発で毒に酔っぱらってしまうだろうな。。。。

南米某国の大統領候補の息子、エンリケのいつ果てることなく続く宴（これはまた今度）からやっと解放されたあたしたちは、そのあと南米をあちこちを転々としたのち、ここにやってきた。

メキシコ・シティから車で四十分、国立公園と隣接した山の斜面の広大な部分がギャロの友人メモの私有地だ。メモは今年五十五歳のアーティストで三人の前／現妻とのあいだに十一人の子供がいる。そのうちの八人はミュージシャンで、下の三人の息子たちは仏教徒である母親（メモの二番目の妻）とともに母屋か、この敷地内に建てられた〝パビリオン〟のひとつに住んでいる。

メモ自身は、シンガーである三番目の妻と三年まえに結婚した時点で、この敷地全体の管理を離婚した二番目の妻に任せてしまい、自分は新妻ともどもカンクーンの海沿いに〝テンプル・オヴ・ラヴ〟（！！）と名付けたスタジオを擁した家をたて、そちらで今年三歳になる末娘と現妻とともに暮らしている。ここにもたまに家族で訪れるらしいが、さすがに母屋にステイすることはなく、パビリオンのひとつに滞在する。

〝パビリオン〟は合計で十軒ほどが、理想的な距離をお互いに有しながら敷地内に散らばっている。それらのすべてはメモ自身によってデザインされ、世界のさまざまな場所で彼に見いだされここまで運ばれてきた資材、美術品などによって構成されている。彼が想を得てから十軒のパビリオンがこの世に〝現出〟するまでに二十五年の月日を要した。

メモにはギリシャとメキシコの血が流れている。。。　納得！！　である。

いにしえの昔に偉大なる文明を築きあげ、類《たぐ》いまれな美の系譜を産みだすにいたった民族の才能／理解／情熱／執念は脈々とその小さな体のなかに息づいているように見える。ただし海をこえて合体したＤＮＡによる人体サンプル、メモという作品にはサイケデリック革命によるエフェクトがぐにょぐにょ〜〜〜ん＠＠＠とかけられ、その結果、とんでもなくユニークなこの人物が現れることとなった。

さて。あたしたちは〝パビリオン〟のなかでも特に彼のお気に入りであるという一軒に滞在している。二階建てのそれは、屈強な男たちが三十人がかりでやっと動かすことができたという巨石をラフに組み合わせた土台に、黒光りする美しい木材、メキシコ湾を漂流していた特大サイズの流木、カナダの森で年輪を刻んできた板、アフリカの部族により紋様を刻まれた木の扉、ギリシャのステンド・グラスなどをパッチワークのように継ぎ足し作られた家屋部分が建っているシロモノ。

それがまたなんていうのか。。。。。。

他のパビリオン同様、この建造物の外部を何と表現していいかわからない。マッタークあたしの貧弱なボキャブラリーを超えちゃっている。

ムーミン谷の家のようでもあり、アフリカのドゴン族の住居のようでもあり、変化し続けるミュータントの昆虫のようでもある。

かたちは直線的ではまったくない。どこかが少しいびつだったり、右か左にかしいでいたり、ゆるやかに楕円を描いている壁があるかと思えば、屋根から突然球形のドームのようなものが飛びだしていたりする。実はそれはロフト型になった小型ベッド・ルームで、あたしたちの使っているベッド・ルームのはしっこに付いた梯子を登っていくとそこに行くことができる。ノーティーな気分満載のアフタヌーン・シャグにはいいけど、日中は天窓からの太陽光線で熱されてあまりに内部が熱くなるので、昼寝には向いていない。

各パビリオンの内部は内部で、南米各地の織物、ラグ、チベットの仏教絵画、日本の掛け軸、バリ製の家具、パプア・ニューギニアの部族が宗教儀式に使う仮面や木彫りなどがランダムに飾られている。

ん？

あたしははたと思いついた。

コクーンじゃん！！！

これは突然変異の繭！！！！。。。

イーストとウエストと過去と未来を貪欲にムッシャムッシャ頬張りながら地球上を縦横無

尽に歩きまわってきたひとりの男の指先から吐きだされた糸でできた繭。オーガニックな物理的データ・ベース。。。

パピリオンの寝室にはいくつかのフレームに入ったメモ自身の写真があった。日に焼けて、生気に満ちた目は大きく、チャールズ・ブコウスキーのように白いもののまじった無精髭を伸ばした、精悍な男性。上半身裸で頭に草の冠でもかぶせたら、それこそギリシャ神話にでてくる海神ポセイドンや、酒神バッカスのように見えるに違いない。

敷地内はどこもかしこも色とりどりの花で溢れている。バラ、すいかずら、ラベンダー、ハイビスカスのようなもの。かぐわしい甘い香りは澄んだ空気中に満ち、鳥のさえずりは一日中途絶えることがない。氾濫する自然の官能。敷地内の空気全体が非常に高周波の振動で満ちているような感覚をあたしはおぼえたっけ。

そこは結界のなかともいえた。目にみえぬ赤いレーザーが下界との境に走っており、それにより守られている結界。。。

ここは南米なのに、ふと〝天女さま〟が羽衣をひらひらさせながら桃色の雲の上に乗っている光景などが目に浮かんだコトもあった。メスカリンとキノコが効いていたのかも。桃色のあの雲の上には、こーんな庭園が広がっているに違いない。。。やーい、あたしも来ちゃったよ〜〜〜〜〜ッだ！！！！

ボロ泣きしながら東京を出て以来、初めてリラックスする時間だった。

あたしは優しく枝をひろげる木の下にカラフルなメキシカン・ラグを敷いて寝転がり、トウキョウから持ってきた本の一冊を開いたが、しばらくしてあまりに気持ちいいので目を閉じて鳥のさえずりに耳をすます。

ギャロはその日、メモの息子のひとり、シッダールタとメモのアトリエ兼スタジオでレコーディングをしていた。シッダールタはまだ二十三歳の若さだが、インドでシタールのマスターと呼ばれるミュージシャンについて何年も修行をしていて、腕は確かだ。シッダールタの弟、メモ・ジュニアは十七歳だが、ウイーンのオーケストラにバイオリニストとして参加することになり、先日国をでたという。

やがて昼ごはんの用意ができたと、母屋ではたらく地元の女性が呼びにくる。

でこぼこした道を歩いて母屋に行くと、庭に面した重厚な木のダイニング・テーブルの上に一人分の昼食が用意されていた。ギャロたちはスタジオで食べるというので、先ほどそちらへ運んだという。

メニューは敷地内に生えているサボテンを使ったサラダに豆のスープ、玄米パンに豆腐ハンバーグ。メモの妻は熱心な仏教徒で肉はもちろん口にせず、朝には必ず寝室にしつらえたブッダ・コーナーにお米とお水をお供えするのだと聞いた。

彼女はシティで最高級ラグを扱う店を経営していて、昼間は家にいない。

サラダに入っているサボテンはオクラみたいに少しねっとりとしてて、酸味のあるドレッシングとあえたトマトやキュウリ、少量のクスクスと混ぜ合わせて食べるととてもおいしい(冒頭で力説したとおり)。

テーブルの上には英語の新聞がのっていた。たぶん、ギャロの頼みで誰かがシティまで買いにいったのだろう。ギャロはあたしと同じく、活字中毒だ。

何げなく開いたその新聞のトップには、あたしたちがついこないだまで滞在していた国で大統領選挙が行われたこと、現職大統領が辛くも逃げ切り再選したとあって、歓びに沸く群衆にキスぜめにあう大統領の写真がデカデカとのっていた。エンリケの父親は敗れたのだ。これであの小僧たちもパパの足をひっぱる心配がぐっと減ったというわけだ。

新聞をめくりながらもぐもぐとそれらを頬張っていると、リビング・ルームにある電話が鳴った。

見まわすが、先ほどの女性の姿は見当たらない。

三回目のベルが鳴ったところでしょうがないな、と腰をあげ、電話のあるところまで急いでいくと受話器を取った。

〝ハロー？〟

あたしがいうと、太いゴムを思いっきり引っ張って手を離したような弾力のある男の声が耳に飛びこんできた。

〝ギャロかッ？　ギャロ！！！　聞いてくれ！　アーッ、アイ、I WANT MORE !!!（俺はもっと欲しいんだ！！）〟

？？？？。。。一瞬、言葉につまった。

〝は？〟といいかけると、向こうはいかなるレスポンスも受けつけないといったようにまた怒鳴った。

〝アイ、アイ。。。アイイイイ・ウオーント、エヴリシンググッッッ～～！！〟

その声は、トーンがかなり高く、しかも酔っぱらってさんざんわめき散らしたあとのように枯れていた。なぜだかわからないが、あたしはこれがまだ一度も逢ったことのないメモだとピンときた。

〝アノー、あたしギャロじゃないんですけど。彼のガールフレンドでコージーといいます〟

あたしが遠慮がちにいうと、向こうは一瞬沈黙した。が、すぐにより一層高い声のトーンで興奮気味に、

〝あ〜〜〜〜〜ッ！！　キミか〜〜〜、ギャロがついに見つけたオリエンタル・ファンタジーっていうのは！！！　ゲイシャ・サイボーグウ〜〜！！〟

と叫ぶ。いったいどうやったらあたしの声をギャロのだと勘違いできるのだろうと思いながら聞いた。

〝あのー、あなたがメモですか〟

イエース、と相手はかなり高いトーンの声でいった。パビリオンのベッドルームに飾られていた写真のイメージからはほど遠い声だった。

あたしはここに滞在できたことを非常にうれしく思っていること、彼の想像力と創造のエネルギーが産みだした建造物に深く感銘を受けたことなどを手短かに話した。彼は聞いているのかいないのか、あたしの話の途中から鼻歌を歌いだした。あたしはまた尋ねた。

〝あのー、I WANT EVERYTHINGってなんのことです？　何かギャロに伝えることって

ありますか?〟

メモはげらげら笑いだした。地の底から吹き上げるマグマのような、不吉な笑い声だった。

〝別に何も。メモが全部欲しいってわめいていたと伝えてくれよ。それであいつには全部わかるだろうからさ。あんたもそういうふうに生きなけりゃだめだよ。じゃ、滞在楽しんで。今度はカンクーンにおいでよ、ふたりしてさ。んじゃ〟

メモはそういってガチャンと電話を切った。

その晩、夕食のときその話をギャロにすると、ギャロはげらげら笑いだした。

〝メモらしーなー〟

〝でもさ、全部、もっと欲しいって何のこと? なんかドラッグでも流してるわけ?〟

あたしがいうとギャロはまだおさまらない笑いのまま、手をふりながら答える。

〝まさか。いくらモノをつくっても、いくら旅しても、宇宙の全部を見聞きしてもまだ足りないんだろ。おおかた、アトリエで自分の作った何かに興奮しちまって、それで誰かにそれを伝えたくて電話してきたんじゃないかな。不思議でもなんでもないよ〟

あたしはその晩、ベッドに入ってもなかなか寝つけないので、起き上がって窓のそばへ行くと床に座って窓のはるか下方を眺めた。眼下できらきらと揺らめくメキシコ・シティの何十万、何百万という灯り。。。ここの空気が澄んでいるからか、その灯りは天の星々と同じように、ちらちらと揺れてまたたいている。

この世界には、とあたしは思った。

この世界には、宇宙の水源とじかにつながってしまっている人間がいるものだ、と。人間がそれぞれ水道の蛇口みたいなものだとすると、器用にそれを開け閉めして、宇宙から授かるインスピレーションを小出しに、うまくコントロールしながら作品に投影して排出する人間もいる。

なかには、蛇口そのものがさびてしまっていて、使い方もわからず、一度もあの偉大で深淵なる水源とはつながることなく一生を終えてしまう人たちも少なからずいるに違いない。

でも、メモのような人間たちは、その蛇口が開きっぱなしで、しかも水源とつながっているパイプもひとより太いので、そのほとばしる創造の衝動にいてもたってもいられず、こうして巨大な地球のキャンバスに、その立体的な筆のひとふりを生きるかぎり記していくのだろう、と。

それからあたしは隣りですやすやと寝息をたてているギャロを眺めた。

そして、そんな人間たちから愛されているこの男も、開きっぱなしの蛇口を持った幸運なうちのひとりなのだろうな。それともそれは不幸だろうか。

そのうち、それも見えてくるだろう。

あたしの蛇口は？　あたしは自問する。

たぶん、あたしは蛇口そのものを開けようとしてやっきになっているのかもしれない。。

コズミック・ウオーター、天の河、空から注ぐ。。。。。

あのときのキモチ、何か深淵な秘密を知っている人間の世界を覗き見てしまったような感覚はまだ鮮明におぼえてる。死ぬまでにあと何人、そういう人物とじかに接触する幸運に恵まれるかわからないけれど、そういう現象（人物ではなくてすでにそれは現象、フェノメノン、っていってもいいとあたしは思うワケね）を感知する敏感さだけは持っていたいと願う。いくらそこにいたって、メモと遭ったって、〝ただの変なオヤジ〟としか感じられない人間もいるんだろうし。

で、あたしの蛇口は？

あれから少しは開いたんでしょーか○○○○○○○　？．？．？

## 2005.03.20 02:03
### マーマレード・ヨーロッパ

アルバムのミックスもいよいよ大詰めだあ〜〜。

連日連夜、我が家のスタジオではプラズマが大爆発を起こしている○○　ズババババーン〜〜！！！


と、ゆーのも、全曲プログラミング、アレンジ、レコーディング、プロデュースは全部自分でやった（自分のアルバムだからそりゃあたりまえだが）んだけど、最終ミックスはギャロ（ガスのことね。こっちが最近気に入ってるんで、勝手に改名）と共同でやっているから。ミキシング技術者としては、彼のほうがでんでん別レベルなので、最終的によりよい音に仕上がるようにとこうした訳なんですが、これがヒジョーーーーに勉強になる／そして超真剣勝負。トリッキー。

ゼンレモだったらふたりのユニットだから全然問題ないようなことも、自分のソロとなると〝余計な手出し〟になってしまい（あたしにとって）、サポートしようとする彼と大げんかなんてことも。

あたしはスタジオではものすごい頑固者になる。そして相手も輪をかけ凄まじい。かつふたりとも、アタマに血が昇ると手がつけられなくなる（ふたりとも獅子座プラスあたしは丙午《ひのえうま》年生まれ）。

で、たとえば、あたしがちょっと席をはずしてたり、DJに行ってて帰ってくると、ベースの音触りが少し変わっていたり、何かにかけたエフェクトが微妙に変わっていたりする。でもこれは、こっちのリバーブのほうがより合う響きだから、とか、ここをイコライザーでこうしたほうが立体的に浮かび上がってくる。。とか納得できる理由があり、なおかつ効果も違うので、〝なるほどにゃ〜〜〜〟とあたしも納得／リスペクトしてアクセプト。

しかし、肝心のいちばん要《かなめ》になるシーケンスやパッドの音色が変わっていたり、入っているべき場所からドラムフィルやFXノイズ、はてはメインリフが取り去られていたり（といってもミュートされてるだけなのですぐ復活可能なのだが）。。とゆーことがあったりして、こーなるとあたしは激怒ちゃん。

〝ドドっドーゆーことっ？．？．〟

〝いや、だって、あれは他の音とぶつかってたから。。こーしたほうがスッキリ。。〟

〝誰もリミックスしてなんて頼んでないッッッ！　これはモー干渉！！！　アレンジ勝手にかえないで！！〟

するとだんだんギャロの顔にも血が。。。。

〝オマエねー、俺はきみの作品がよくなればと思ってやってるんだよ！　こっちのほうが正しいんだ！〟

〝音楽に正しい間違いなんてない！　好きか嫌いかそれだけじゃん！！〟

手近にあったモノをひっつかんで壁や床に叩きつけるあたし。高次位自己も何もあったものではない。ギャロはうんざりした顔になり、

〝あー、でた。そーゆーサイコやるんだったらね、ホラこーしちゃうよ〟

と、指を〝データー消去〟ボタンの上に。モチロン半分からかってるんだけど、一回、向こうもアタマきてホントーにそのボタンを押してしまったことがあった（といっても、すぐ復活できるよーになってるんだけど、そんときは爆発してたのでさらにマグマ炸裂）。

〝ア〜〜〜〜〜ッッッ！！　てててめ〜〜、ややゃったわね〜〜〜！！〟（バカボンのよーに足が百本くらいになって超速でじたばたしている図を想像して）。。。。

うちのスタジオが、母屋と離れた場所にひっそり建っていて正解である。こんな場面を見せられたら、キッズは〝うちの両親は仲が悪かった〟とゆーメモリーを埋めこまれてしまうであろう。ふだんはとても仲いいあたしたちなんですが、スタジオはケッコー道場ハイッてます。向こうは白帯なので、気が抜けまへん。

おもえば五年まえに南米経由のあとイギリスに居を移してから、それまで使っていた〝ヴィジョン〟とゆー音楽ソフトウェアから、今現在使っている〝ロジック〟に変えたのだから、まあ、進歩といえば進歩はしてる。イギリスで最初にベースを構えたのはロンドンから列車で四時間もいったデヴォンとゆー超田舎。映画〝ロード・オブ・ザ・リング〟のホビットたちの故郷、シャイアによく似たところである。一番近い遊び場といえばブリストルであるが、何せ遠くてあまりいかない。

と、ゆーわけで月に一度か二度、DJのブッキングが入ってどこかにいったり、ロンドンに用事で出るとき以外は毎日そこに〝籠《こ》もって〟音づくり。。。そこは昔、寄宿舎として使われていたこともあるという、十七世紀に建てられた古い大きな屋敷だった。同居人はあたしたち以外にも三人いて、皆、大のテクノ／トランス好きで音楽を作っていた。でも、それ以外の親しい友人たちは皆ロンドンやブライトンに住んでいたし、窓から見えるのは丘ばかり。。ミステリー・サークルに妖精伝説、ケルトのパワー・スポット、アヴァロン（キング・アーサーが治めていた伝説の王国）などなどにゆかりの深い田園地帯。キノコは周りじゅうにある牧場で採れたし、美しい場所で確かに宇宙飛行には向いてた。。。

春夏秋冬、くる日もくる日も、朝から晩まで夜もぶっとおしで、屋敷内に三つあるスタジオ（ベッドルームにあるのも含め）のどれかから聞こえてくる四つ打ちのキックの音。どっどっどっどっどっどっどっどどどっ。。。ときにはこれらすべてのスタジオの音が混じり合って、キチガイになったモンスターのようにリキッド状の音のかたまりになって屋敷内を徘徊してまわる。。。（息子が産まれてからも、しばらくはそこにいた）。

あれはハッキリいってあたしにとって、〝寄宿舎時代〟だった。新しいソフトの使いかたをマスターし、プログラミング技術に磨きをかけ、閉じられた環境のなかでの人間関係を通して〝自分を知る〟。。

これはすべて宇宙の〝はからい〟なんだ、ここには〝スタック〟しているんじゃあない、学ぶための時期なんだ、いつかはここを〝卒業〟するんだ（ギャロとふたりして次のステップに行く)。。と自分に言い聞かせたものの、〝停滞感〟にさいなまれ、時にどうしようもないほど東京が恋しくなったりもした。

でも、ヨーロッパ各地に出かけるにはとてもよかった。日本で新幹線乗るのと変わらないチケット代なのだから、プロモーターだってブックしやすい。で、まだゼンレモのアルバムが現出するずっと以前、自分でも積極的にブッキングをアレンジしてあちこち〝武者修行〟に出かけた。

楽しかったのはまずデンマーク。一九九九年にここの不思議議エレクトロニカ・レーベル、テンダー・プロダクションから出したアルバムのうち、一曲がカレッジチャートでNo.1をとった。と、いってもアメリカのカレッジ・チャートとくらべたら規模も小さいし、たいしたことではないのだが、ライブツアーをやるには十分だった。ノベイションのスーパー・ベース・ステーションにいくつかのエキゾティック打楽器、アンプ／スピーカー内蔵のピンクのミニギターなどを携えて飛んだ。

岐阜県根の上高原でのイクイノックスのパーティーで知り合ったレーベル・オーナー、トビー宅にステイし、そのころ妊娠六カ月目だったベトナム人ガールフレンドでアーティストでもあるチャオハエと自転車に乗ってよくクリスチーナ地区へ出かけた。

ここは、七十年代だかに学生運動で政府側と流血の衝突が起き、学生たちの血が流されたのちコペンハーゲンにおける〝自由〟のシンボルみたいになった地区だとか。

柵のなかを入ってしばらく進むと、野菜市場みたいに両側に屋台の店がずらっと並んだ〝マリファナ市場〟に出る。今日もそこは老若男女でにぎわっている。屋台の上には乾燥した各種葉っぱ、何種類もの固形カレーみたいにぞれぞれ色が違うチョコなんかが、野菜みたいに上手に積まれてディスプレイしてある。

チャオハエは馴れた手つきでそれらをつまみあげ、ひっくりかえしたり匂いを確かめたりしてからお金を払い、ひょいっと無造作に買い物カゴにそれを投げ入れると、〝さ、行くよ〟と顎をしゃくって歩きだす。

時は冬のはじめ。その先にあるオーガニック・カフェで熱々のおいし～～いチャイを飲み、そのまた先にある桟橋で川にたゆたうアヒルなどを愛でてからまた顔を風で真っ赤に火照《ほ》らせながら自転車こいで運河を渡り帰った。

あと、ギャロの仲のよい友人であるコックスボックスのフランキー&ガールフレンドのアネット、息子のシモンの家に初めてお世話になったときは、数知れないガネーシャの銀の置物やクリスタルなんかとオモチャがスタイリッシュにかつ楽しく同居している家のヴァイブにすんごくインスパイアされた。イアンにも郊外にあるクリシュナ・スタジオに連れてってもらったり、前年バーニング・マンで知り合ったオーガニクスのジュンにそこで再会したり。。

そんなふうに、人と出あったり、束の間楽しい時間をシェアした一期一会の想い出を、まるで昆虫採集のようにハントしながら過ごす〝週末〟がなければ、あたしはあの田舎で〝永遠の沈没〟をしちゃってたかもしれない。。。。

ポプラの並木道の下で、風にそよぐ葉のざわめきと自分のかけるアンビエントがぴったりシンクロしながら空気を振動させていることに感動した東ドイツ、ロシア製のサブマリンの内部みたいな地下のスタジオに泊まりこんでテキサス・ファゴットとコラボしたフィンランド、半人半獣の神々を思わせる男たちや、森の官能的なニンフェット（精霊）みたいなパーティー・ピープルがやたら多いギリシャ（これはまじで）、内戦時代の話をとめどなく語り続けるプロモーターがいたクロアチア。。。などなど、あたしの心になかにある〝標本〟は、色とりどりで奇妙な昆虫たちであふれている。

今ではボーダー越えてもスタンプすら押してくれない〝ひとつのごった煮ジャム〟となったヨーロッパ。。。住んでたころは別に〝哀しい〟だけじゃなかったんであるが、〝哀しい〟時間があればこそ、その狭間にサンドイッチのマーマレードのよーに挟まった甘い部分を味わう感覚も発達した。。って感じかな。

あ、またミックスに戻らにゃあ（これ書くのがチョードいい息抜きになるんだよね）。

そりではまた。。。。

## 2005.03.26 07:08
## 月がまるい週なかーSPTA

またもやヤラレた。。 昨日は長ーい一日だった。。満月だったもんなあ。。。

午前は息子アシャンティの通っている幼稚園（といっても小学校六年まである）の先生と年に一回の懇談会。そのあと、アルバムのジャケに使う写真のシューティングのため、セセック・ビーチにあるヴィラ・セジャックへ。ここはオーナーのイタリア人キコのバースデイ・パーティーで先日DJをやってすごく気にいった場所（日記〝月がまるい週末〟参照）。そのあと若手写真家イダ君を連れていった友人アレックスのパーティーもここだった。

きれいなガーデンや居心地のいい部屋もあるので、ピクニックみたいでちょうどいいから、とキッズにケテュット、イルも乗せて車をすっ飛ばし、うっとりするような田んぼ地帯の果てにあるヴィラへ。

プールのまんかなかにある小島（?）の椰子にミラーボールをいっぱいぶらさげたり、近所のスーパーで見つけたブキ可愛な人形を使ったりしながら、バリニーズのフォトグラファー、アグースとあーでもない、こーでもないといろいろ試してみる。

彼は超多忙なファッション・フォトグラファーなのだが、その確かな技術もさることながら、あたしの出す素っ頓狂なアイデアを速攻で理解／共感／再現してくれるのがスバらしい。アイデアがクレイジーであればあるだけ喜ぶ。

〝アイ・ライク・クレイジ～～～ライク・ア・サイコ～～(psycho)〟といいながらライティングを変えてみたり、いろいろ実験的なアイデアを出してくるのでこっちもアガッた。

午後七時に終了。アグースたちとは現地でわかれ、あたしたちはさっきここへ来る途中で見つけ、あとで行こうと皆で決めていた〝バビグリン〟を出す食堂へ。

バビグリンっていうのは、〝豚〟の丸焼きのこと。バリでは大切な儀式の日に出される、バリニーズにとっての御馳走。イルたちはこれに目がない。

毛をこそぎながらじっくり時間をかけて炙《あぶ》られた豚ちんは、外はパリッパリの皮が黄金色で、なかはもちもちしてあっさりとしながらどこかコクのある絶妙な味で、スパイシーなタレとからめて食べると、もーウマいのなんのって。

そこで働いているおねえちゃんが、またチャキチャキのチャングーッ子（?）って感じでオモロかった。その食堂は、巨大な木がデデーンと鎮座している交差点の真横のちょっと高くなった場所にある。そしてその交差点は、このまえ友人イランが〝すんご～～い濃い〞オゴオゴのパレード（バリ版ねぶた祭りみたいの）を偶然目撃した場所（日記〝Ogo Ogo Rocks〞参照）。その夜のことを聞くとおねえちゃんは、

〝あ～～～、ありゃ～～よかったねえ。もーあっちからこっちまでぴしっと正装した男たちでびっしり埋まってさあ、えっさほいさってオゴオゴ担《かつ》いでまわって。。もーこっちの血がざわざわ～～～としちゃったよ！！！　最高！！〞ってな感じでコーフンしていう（ケテュットちゃん通訳）。それから、

〝こっから見下ろしてたらさー、あまりにいっぱいいるんで、これ今ボム（爆弾テロのこと）誰かが持ちこんでやっちゃったら何人死んじゃうんだろーって考えて怖くなっちゃったよ

ー！！！〃と手でさあーっと何かをひと払いにするようなジェスチャーを交えていう。
ケテュットたちは笑いながら聞いているが、バリにとってのトラウマとなったあの惨劇が日常のこういう瞬間にちらっと顔を覗かせるのが印象深かった。
〃今夜は随分このへんも交通量が多いいねえ〃というと、
〃今夜は満月だから、ここいらの住民は皆この先にあるタナロットの寺院で行われるセレモニーに行くからねえ〃とのこと。そっかー、今夜は満月かあ、とそのとき気づく。

その後、家に帰ってキッズも寝静まった九時半すぎ、今日最後の予定のため出かける。
映画〃マトリックス2〃でジオンシティーでのパーティー・シーン（フルークが音楽やってたシーン）の美術／セットなどを担当したアーティストが、自分の十五分ほどの作品撮りのためバリに来ていて、今夜はその打ち上げをかねたフルムーン・パーティーをやるのだそうだ。そこでDJやるため。そのためにサンフランシスコやロス、ハワイ、メキシコなどから総勢五十名ものクルー、パフォーマーなんかが一カ月半ほどまえからバリに来ていて、彼らはウブドに滞在していた。さらにそのうち二十人ほどは友人シルヴィスの摩訶不思議な館（これについても早く書かにゃあ〜〜なあ〜〜）にステイしていて、彼らのうち何人かはゼンレモのことを知っていたのでシルヴィス経由でお呼びがかかった。。というわけ。

まず親しい友人リアット宅で何人かの女友だちと合流し、車三台でタバナン県にあるヤーパナースという今夜のヴェニューである場所へ。片道約一時間のドライブ。ヤーパナースは敷地内にいくつも温泉が湧き出ているホテルである。美しい森に囲まれ、綺麗なコテージが丘の斜面にいくつも散らばり、大人用、こども用プールに囲いのついた小型温泉がいくつも点在している。下方には川が流れ、朝になればその向こうに段々状になって広がるライス・テラスが見渡せる。非常にリラックスした場所で、ここではよくフルムーン・パーティーがホテル全体を貸し切って行われる。

満月が照らす下をひた走る車のフロントガラスのはしっこを、ときおり正装に身を包んだバリニーズが横切っていく。セレモニーに行くところなのだろう。

たまに通りすぎる寺院やバンジャール（町内会の集合場所）では、村人たちが集まってお供え物をしたり、絢爛《けんらん》豪華な衣装に身を包んだ女児のダンサーが伝統舞踊を舞っているのを見ている様子がちらっと垣間《かいま》見える。

パーティーはプライベート・パーティーということもあって百五十人くらいの人出。なんだけど、紹介してもらった今回のフィルムづくりにたずさわった人たちが全員、これまた見事に〝ジオン・シティ〟してたのがインパクト。女の子たちは圧倒的にドレッド＋コルセット＋鳥の羽いっぱいつけて、男連中も皆ドレッドかモヒカンにピアス／羽／裸の上半身にレザーベスト。。。のなんつーか〝ネオ・トライバル〟スタイル。バーニング・マンだったらかなり高い指数でお見受けするこのスタイルも、バリではいそーでじぇんじぇんいないので懐かしい／新鮮。あたしは個人的にかなり好きなスタイルなのでウオッチングしてるだけで楽しかった。

一時間ほどぶいぶいまわし、終わってから友だちと一杯飲む。。。はずが、ふと気づけばまわりは皆、ヤミーマミー軍団。。。つーかハードコア・パーティー・ママ集団。その場にいる女たちのうち四人はなんと全員子供らがあたしの息子アシャンティと同じ幼稚園のクラスにいる、いわゆる〝PTA〟状態ということが判明（ってゆーかまえから知ってたけどさ）。

これはイダ君を連れていったパーティーのメンバーとも重なるのだが、皆プロのパーティー・アニマル兼バッリバリのビジネス・ウーマン。まずこっちでかなり成功しているベジタリアン・レストランZullaとオーガニック・ケータリング・フードをスーパーなどに卸しているdown to earthという二つの会社をきりもりしているイスラエリ・シングル・マザーのリアット（日記〝マーメイド〟〝ＢＯＲＧ。。〟参照）、夫アレックスとともにNucleostarというパーティー・ウェアのレーベル（http://64.65.99.170/Nucleostar/home.asp）をやっているイギリス人（四分の一はジャマイカ人）のアリ、バイアグラを販売していた（！！）四歳になる双子の女の子たちのママのイタリア人ジョマーナ、同じくイタリア人のシングル・マンマ、ロザルバ。。といった面々。この人たちは全員、要《かなめ》（？）のトランス・パーチーでは必ず最後の最後までブイブイ踊っている猛者《もさ》たちである。

で、はっと気づけば、あたしはこの猛者たちにスッポリ包囲され、酔っぱらった彼女たちがなぜかそのときかかっていたダブのリズムにあわせ全員で合唱する〝スキヤキ（坂本九の世界ヒットソング）〟に責めさいなまれる。。とゆーコトになっていた。そこに、別のイタリアン・ガールズによる、わけわからん日本語の〝アイアイデース♪〟の合いの手がエフェクト入りでスキなくかぶさり、疲れ切ったあたしのお脳ちゃんが〝キッチーイイイでえーーすううう〟と叫んでいる。

世間一般でいうと、間違いなく〝しょうもない人々〟というジャンルにカテゴライズされてしまうあたしたち。これは、はっきりいうと、〝ＳＰＴＡ〟〝Ｓ・しょーもない、ＰＴ・ペアレンツ、Ａ・アソシエーション〟ということであろうと合意にいたった。頭のＳがスペシャルのエスか、しょうもないのエスかはとる人しだいである。。。
あたしにとって彼女たちは強力な〝オルタナティブ・マザース〟。それぞれにしか見えない／踏み固められない／開拓できない唯一無二の〝ケモノ道〟を全存在でもって宇宙のなかにしるしている女性たちだ。インスパイアされるし、〝こんなブットンだ母やってるのは自分だけじゃないんだ〟って励まされもする。
だから彼女たちとパーティーすることは、〝放電〟であると同時にバッチリ〝充電〟でもある。。。

〝あとでもう一回まわして〟っていわれたので待機してるうちに、遅れてやってきたケムリのデザイナー集団、ルイ、テルキ、マサキの日本男児も合流し、満月快楽国連会議（？）は続く。。

結局、朝方あまりの疲れで気絶／一時間後に起きてそのまま死にそうな思いで、今日中にどうしても届けなければならないCDを持ってウブドへ車を運転していく。きのう、このまま朝まで現地にいて、帰りに寄って落としたほうが効率的だろうと予定組んだんだけど、さすがにキツカッタ。

ガルンガンやニョピの名残りが道沿いを華やかに飾ってあるのが見える。なが〜〜い竹の左右に葉っぱや花で作った飾りをつけたものが村の家々の門先にずらりと並んでくくりつけてある。そこを通りすぎていくとき、まるで不思議の国のアーチでもくぐっているかのような気になる。。のだが、頭が朦朧《もうろう》としてその趣きを味わうどころではない。

帰り道、一分でもはやく家につきたいと思う心をからかうかのよーに、次から次へと〝左右にバナナの葉っぱを二メートルずつはみだして後部に積んだ自転車〟とか〝ニワトリを満載したバスケットをぶらさげたバイク〟、〝荷台に四〜五人の労働者を乗っけて時速十キロくらいで走っている軽トラ〟などが行く手をさえぎり、追い越すこともままならず、ノロノロ。

結局、ウブド経由でセミニャックの我が家に着いたのは昼の十二時近くだった。ヤーパナースを出てから四時間近くも運転してたことになる。。当然そのまま気絶。

〝こーゆー場合、誰が彼女のキッズの面倒をみているのか〟とゆー疑問が当然これを読むアナタの頭をよぎっているとアタシは憶測する。

それは、ケテュットちゃんです。夜に仕事のブッキングが入った場合も安心して受けられるのは彼女がキッズたちと一緒に寝てくれたり、あたしが帰って／仮眠／起きるまでしっかり面倒みていてくれるから。ギャロは、こーゆー場合、あまり即戦力ないです。夜はスタジオで仕事してるし。。。 実家／親が近くにいるでもない（といっても、あたしのママは十四年まえに亡くなっているのでどっちみち無理なのだけど）あたしにとって、彼女やイル、コマンのサポートがどーんなにありがたいことか。。。

最近はケテュットちゃんはまるであたしの母親のようにもなってきて、昨日もあたしは、〝ちゃんと仮眠もとらないでそんなに運転したの？ ダメじゃない！！ 危ないでしょう！！〟と彼女に怒られてしまった。。。。。 それがなぜか心地よく感じてしまうのはいったい。。

しょーもないか、スペシャルか、それともサバイバルなのか。。

Sって結構当たってる。。 ってなわけで、また。

## 2005.03.29 03:07

### ウブドの森の宇宙な館

なんとかデータに落とそうと思っていた、友人シルヴィスの館の写真をや～～～っとマックに取りこんだ。

ですんで、今夜はサクッとこの摩訶不思議な館の話をして寝ることにします。

ここは、先日（といっても結構たっちゃってるが。。）コータロー君と美龍親子を連れていった場所だ。館の主人、そして創造主のシルヴィスは、コスチューム・デザインなどを生業とするフランス人アーティスト。むか～しバルセロナ・オリンピックが開かれたとき、オープニング・セレモニーで奇妙きてれつな衣装をきた人々がカーニバルさながら舞い踊ったときに、その衣装をデザインする仕事にも関わったのだという。また、彼自身パフォーマーでもある。

彼の館はウブドの中心地からサヤン渓谷のほうに車を走らせ、小さな村を経由して、十五分くらい車を走らせたところにある。

急坂を昇って道がカーブを描く手前に、唐突に洞窟のような、コンクリートのアーチのようなものがあって、砕かれた鏡の破片をモザイク状にしてつくった文字で、

〝SANTA MANDARA〟

とあるのが見えてくる。ここが彼の家への門だ。さて車を道わきにとめよう。

道路からだと門の後ろは急な崖にしか見えないが、そこには急な斜面に平べったい石をはめこんで作った階段がうねりながら下方へと続いている。木でできた手すりに片手をそえて足もとに注意しながら一段ずつ降りていく。。。

やがて、シルヴィスの家が緑の木立のあいだから姿を現す。

三年かけてこつこつと建築、増築、修復、改築、デコレイトを重ねて今のかたちにしたという。その全プロセスにかけた彼の熱意と忍耐と肉体的貢献とインスピレーションの豊さにはモー驚かされる。

日記〝メモの空中庭園〟で触れたような、東と西と過去と未来がミックスされて産まれた建造物というものに近いといえば近い。でも、あちらが、一応だいたいのデザインというもの、完成したかたちというものが最初にあって建てられたものだとすると、こちらは徹頭徹尾、即興の作品、それもいつ完成するか、どこがどこまで膨張して終わるのか、たぶん本人にすらわかっていないだろうと思われる点でまったく違う。

あたしはまえにこの家をたとえてノートにこんな文を記した。

〝ガウディの魂と、バリの精霊がセックスして受精した卵が、ウブドの深い森の奥の大地に着床して、ファンガス（カビ、キノコなどの真菌類）のよーに成長を続けている建造物〟

゜゜゜゜　ホントにそーなんである。

まるでそれ自体が日々刻々と成長し続ける有機生命体ででもあるかのような空間。昆虫の触覚のような、レンズ眼のような突起物があちこちからにゅっと突きでていたり、突拍子もない場所にバルコニーやら、星空を観測するためのやぐらだのがくっついている。まったく不規則な建築物の連なりでありながら、全体としてまとまったひとつの球体的な印象を見るものに与えるという不可思議なものだ。これを家と呼ぶのもどうもふさわしくない気がする。これは霊感に取り憑かれた一人の人間によるひとつの巨大な作品であり、この島を子宮として産みだされた他のあらゆる芸術と同じく、精霊の支配する地における人間を媒体とした自然の自動書記なのだから。

階段を下りきると、広いポーチを前面に張りださせたオープン・エアのリビング・スペースに出る。建物の一階部分をすべてぶち抜いて、天井、床、壁面をコンクリートで固めて造ったものだが、それらは丸みを帯びて別の側面となめらかにつながっていて、全体としてどこか洞窟のような印象を与える。リビング自体は二十畳ほどのスペースで、深い渓谷に向かって突きだしたポーチを含むすべての床には色とりどりのタイルや丸石をはめこんで模様が描いてある。そしてさらにいくつかある浴室やキッチン、数本ある円柱、リビングの中央にある、洞窟といおうか、祭壇といおうか、ルルドの泉状態の空間などは石のほか、ガラスの破片、ビーズやタイルなどをはめこんで幾何学模様や動物などを描いたモザイクになっている。

さて。これだけで吹っ飛ばされているわけにはいかない。まだまだ、この館のなかには見るべきものがいっぱ〜〜〜〜いあふれているのだ。

部屋のつきあたりにある螺旋《らせん》階段を昇って上の部屋へと向かおう。。。すべすべした平石をコンクリートのあいだに敷き詰めて造ってある階段だ。サンダルを脱いだ素足にそのひやりとした感触が気持ちいい。

この螺旋階段を覆う壁は複雑なグラデュエーションのついたオレンジ色に塗ってあり、まるで自分が巨大な法螺《ほら》貝の内部を上昇していくような錯覚を起こす。一段一段階段をのぼるにつれてゆっくりとしたダブ調の音楽が聞こえてくる。セクシーで分厚いベース音がこの法螺貝の内部にかすかに反響している。

二階部分に達すると、そこには一階とはまったく違う趣きを持つ空間が広がっている。磨きこまれて黒光りしている木の床、葦を編んだマットレス、竹を美しく編んだものを貼りつけた天井。

大小異なる絵が壁に立てかけてあったり、次の作品づくりのための資料と思われる雑誌の切り抜きなどが壁にコラージュしてあったり、くねった巨木を使った家具やあれやコレやなどで満ちた部屋は、彼独自の博物館でありながら、全体としてナチュラルで落ち着いた雰囲気が漂っている。

奥はさらに円形をした部屋で、中央に天蓋つきのベッドが置いてある。

二階部分のメインとなる細長い部屋の崖に面した側は全面がガラス戸になっていて、そこから澄んだ光がいっぱいに入ってくる。あたしは目を細めて窓の向こうを見る。。。

木の窓枠のついた大きなガラス戸の向こうは大きなバルコニーになっている。深い渓谷に張りだすように造られているそこからは、はるか彼方までうねりながら続いていくその荘厳な緑の裂け目が見渡せる。

見渡すかぎり、人家ひとつ、人工的な建物ひとつ見当たらない。

渓谷の底に走っている谷川はあまりに緑が深いのでここからは見ることができない。けれど、その谷川の恵みを存分に受け取って生い茂るジャングルによって豊かな水脈がこの地に静動脈のように張り巡らされていることを知ることができる。。。

どんな天気の日でも眺めは素晴らしい。あたしがここから見る天気で特に好きなのは雨の日だった。風を受けて揺れるニッパ椰子の群れや流れさる黒い雲、ガラスに叩きつけられては下方へと伝い落ちていく水滴などを見ていると、まるで自分が荒れ狂う緑色した海に乗りだしていく船の突端部分にでもいるような気になれるからだ。

いちど、ここで嵐を〝見た〟ことがある。

渓谷のはるか彼方で、ジグザグに走る稲妻は、まるで天から大きな刷毛《はけ》を使って神様が目のまえで一筆描きをしているかのようだった。少し遅れて耳をつんざくように鳴り響く音。。。

〝メモの空中庭園〟の回で書いた喩《たと》えを引用するならば、この人も確実に〝蛇口が開きっぱなし〟で、宇宙の水源と太いパイプでつながっている人たちのうちのひとり。

彼にとっては、夜の八時にもなれば真っ暗になってしまう森の〝離れ家〟で、隠遁者じみた生活をすることもさして苦ではないのだろう。

キャンパスは、彼の目のまえにたっぷりある。寿命というデッドラインを除けば時間は無尽蔵で、順守しなければならない手法も、用途の限定された作品を強要してくるクライアントもいない。

彼は、気の向くまま自分でデザインした、〝現実〟のなかに日々暮らしている。

〝現実は自分の思考の産物〟だっていう宇宙のセオリー（現実のメカニズム）、をここまでダイレクトに表現している住居って、あまりお目にかかれないって思う。

あたしはここに来るたび、こんなふうに、ハーミット、隠遁者のように暮らせたらいいなあ、と憧れに似た気持ちを抱く反面、それはできないであろう自分もはっきりと認識してしまう（家はこんなふうに好き勝手なの作りたいけど）。

今のところ、あたしはポリューション、汚染が少し自分の人生には必要だから。ここで彼のように毎日緑だけ眺めて、何かを創造することだけに集中しながら生きていけたら、それはきっと夢のように美しいかもしれない。でも、今は、少しだけ街なかに住んで、人間の持っている毒が少しだけ効いたカクテルに酔っぱらって過ごすっていう時間がないと、魂が干上がっちゃう。。

自分だけじゃ、まだ潤えないのねん。。。。

いつか、こんなところで悠々、〝毒シック〟になることなく、暮らせる日がくるかしらん。。

前回の日記〝月がまるい週なか〟で出てきた〝ジオンシティ〟なクルーのうち、二十名ほどが二カ月間、ここにステイしたと聞いた。

さぞかし、スゴい日常が展開していたことであろう。

あの夜、パーティーで朝まで踊り続けていたシルヴィスの姿は、なんだか〝送り火〟の儀式でもやる司祭のようで、その小柄ながら筋肉がほどよくついた引き締まったからだが、バネのように跳ね続けるさまはかなり見応えがあった。

落ち着いたころを見計らって、また訪ねていこう。

面白い話が聞けるかもしれない。


あ、ちなみに、アシャンティと美龍はあそこで〝不思議の国のアリス状態〟で、躁状態になって館のなかを冒険しまくってました。。

あたりまえだよなあ。。そういえば、あたしが子供のころ親に連れてってもらった〝大阪万博〟のインパクトはスゴかったっけ。特に〝太陽の塔〟の内部に入ったときの記憶なんざあ、ずううっと後までエフェクトかけられ、フランジャーかけられ、リバーブがんがん入って脳に居座ってたもんなあ。。。

あんなふうにキッズの脳にはこの館のこと、残るかしらん。。。

あれ？〝サクッと〟のはずがやはり〝ズッポリと〟になってしまった。

もう寝まーす。。

## 2005.04.01 00:21
## 手巻きチャンプルー

あ〜〜。。ね、ね、眠い。。。今日あったことを手短かに手巻き寿司ります。くるん。

スコラ（学校）の期末演芸会。親の席にはドレッドいるわ、タトゥーわらわら（先生のなかにもアリ）、レイヴパンツ／ドレス。。。（フツーめの人もいるけどモチロン）

小学校高学年の出し物で、生徒がみんなで唄ったのはなんとボブ・ディランの〝風に吹かれて〟。チープなシンセのレゲエのリズム・ループにのり、白人、アジア人、ミックス、南米系、チャンプルー状態のお子があの詩を合唱。。。 ナイスな選曲。

バリニーズのハイ・カーストの人が亡くなった場合にクリメイション（火葬儀式）で使われる、パゴダのような、九重屋根になった〝おみこし〟みたいなものが雑誌の表紙に載っていた（遺体はその下に安置されて火葬場まで運ばれる）。それを見ながらケテュットちゃんが語った話。

彼女の村がある地域の王が亡くなったときのこと（バリでは今でも地域ごとに異なる王／王家が社会のトップにいる）。火葬の儀式が執り行われる日まで二カ月ものあいだ、遺体は宮殿に安置されていたという。

〝じゃあ、遺体を腐らせないために、ずいぶんたくさんのケミカルを注射したりしたんだろうねえ〟

とあたしがいうと、

〝彼はとても、強いマジックの力をもつ王だったから、通常より使ってないと思うよ〟

と彼女。

どんなマジックだったの？　と聞いたら、

〝彼は念じて雨を呼ぶことができたし、むか〜し車なんかがまだあまりこの島になかったころは、急いでいかなければならない場所なんかに鳥のように飛んでいったこともあった〟という。

〝鳥？〟半分、からかっているのだろうと思いながら聞き返すあたしに、

〝ほんとうに、大きな鳥のように、自分を飛ばすことができたんだってさ〟

大きく手をひろげて、彼女はまったく疑っていないかのようにいう。

そういうことも、あったのかもしれない。

きっと、そういう時代もここにはあったのだろうナ。。。。

三十分ほどのショート・フィルム〝ジャーニー・オブ・マン〟のＤＶＤを観た。サーカスの人々が海中、森のなか、砂漠などでパフォームする短編。すごくポエティックかつ映像も美しく、二回観てしまった。なぜか目頭にきた。弱ってるのかな。

ウェブ・デザイナーとの打ち合わせのあと、近所の日本食屋で手巻き寿司を夕食にいただく。具は、ツナ、マリーン、エビ、タイ。

それらを美味しく頬張りながらも、せつなく思い浮かべたのは、ウニ、いくら、帆立。

今度はいつ食べられるやら。。。

## 2005.04.02 20:26
## オックステール・スープと蜘蛛の糸

もうすぐ息子の四歳の誕生日だ。そろそろ、どんなパーティーをやるか計画をネラナクッッチャア。。と思うのと同時に、月日のたつのの速いことに今さらながら驚く。

今までの四年を一周期と考えて、あと三周期やればウチの小僧はナント十六歳。ウッソ〜〜〜。。ギャロは十六歳で実家を出たといってたから（それはかなり早いけどね）、そんなふうに彼がチョイスすることもあっておかしくない年齢になってしまうのねん。。。。とはいえ、長〜〜〜い道のりではあるが、なんか一段落、って感じで感慨深い。そ〜〜〜っかあ。。てコトは、あの〝地獄ムーンサルト〟から四年半もの時間が経過しているのですねえ。。。

もしかしてデキタカ？？　とゆーコトに気がついたのは、二〇〇〇年の九月後半。夏の日本でのソリスティス、アノヨ（新島グラウンド・スウェル）のパーティー、フジ・ロック、そしてそのあとギリシャ経由ですぐ行ったメキシコ・モントレーでのパーティーからイギリスに帰ってきてしばらくたったころ。

〝寄宿舎〟（日記〝マーマレード・ヨーロッパ〟参照）からてくてく歩いて二十分もいったところにある、小さな薬屋で買ってきたキットで尿検査をし、結果が陽と出たときの、天地がひっくり返ったような衝撃はゼーッタイ忘れない。

〝快楽遊牧民〟を気どって、人をあんなに傷つけてまで国を飛びだしたのは、自分の貪欲な "内なる羊" に、腹一杯 "快楽と移動" を喰わせてやるためだったのに。。という、あたかも "運命のしっぺ返し"（そのときはそう思えたのね）を喰らったような気持ち。　旅先で母になる自分、という図をアタマに描いただけで浮かんでくる止めどない恐怖。国に帰る気はさらさらないのに、今いる場所にも馴染んでいない情けない自分がこのあとさらに不自由になっていったいどーやってベースをつくんの、とゆー果てしない疑問。。。

無理だ、無理だ、論外、ぜったいムリだ～～～～～～～～！！！！！

吟味するまえに、すでに答えはでていると、最初は思った。

運命のハンコがクッキリと浮かび上がったキットを手に持ったまま階下のスタジオに行

き、ギャロに無言でそれを見せた。彼は一回、深く息を吸って吐いてから、

〝僕は、君と家族をつくりたい〟

と冷静にいった。


そのあと、軽くジェットコースター・ムーンサルト百回分くらいの気持ちのアップダウンを経て、あたしは〝新しいソウルメイト〟を自分のからだ経由で世に送りだすほうにサイを投げるコトにした。ごく親しい数人にその報告もした。だけど、決めてからはさらに激しい葛藤が待っていた。。。

ダッテ、あたりまえ。。。

日本を出た時点で、あたしはもうどこで〝野垂れ死んでもいい〟と思ってた。これからの人生、なるべく所有物もつくらずもたず、身軽に生きていこうと思ってた。

でも、〝親になる〟ってことは、それとはまったく別の方向へ人生を築いていかなきゃならないってことだ。そんなコトが自分にできるんだろーか。そもそも、したいんだろーか。。。

それに〝人非人の自分にその資格はない〟という気持ちも強かった。

終わらないジグソーパズル。。。

ロンドンのある友人の結婚式に招待されてふたりで出かけたものの、酔って踊り騒ぐ友人たちのなかに素直に混じることができなかった。

その夜、泊めてもらった知人宅のリビング・ルームのカウチの上で、ホントに信じられないくらい涙が出た。壊れた蛇口どころではなく、崩壊したダムのように涙があとからあとからジョボジョボ出るので、朝までに脱水状態で死ぬんじゃないかとさえ思ったほど（ホルモンの仕業もソートーあったと思うが）。

オナカの子は、あたしがまえのパートナーを傷つけて裏切ったうえに身籠もったバッド・カルマの子だから、産むわけにはいかない。。。年末、モロッコのワルザザードで開かれる年越しパーティーに行く予定が入っていた。いっそのこと、パーティーのあと、ひとりでサハラ砂漠に出向いて、オナカの子もろとも行方不明になって死のうか。。なんてまったく自己中で吐き気がするほどナルシスティックでドラマ・クイーンな妄想が何度もアタマをよぎって、またいっそう涙がでた（ぎゃ～～重いね～～～ごめん）。

もちろん、今となってみれば、あれはあたしが生きてきたなかで選択した一番素晴らしいことだったと誇りを持っていえる。アシャンティに出逢えたことを宇宙に感謝してもしきれない。

でも〝その最中〟は現実が現出するはるか以前のドロドロカオス状態で未来はまだ見えてこなかった。

そして今から考えると、あの夜と、それに続く良き友人ジャスティン宅での一夜の出来事が、〝あっち〟から〝こっち〟へのターニング・ポイントだったような気がする。


十月はじめの、よく晴れた、空気の澄みわたった朝だった。

あたしのことを気にかけながら、ギグの入っているギリシャへと出かけていったギャロをその知人宅で見送ってから、地下鉄を乗り継いでカムデンのそばに住んでいる友人、ジャスティンの家を訪ねた。

香港出身の中国人ジャスティンは東京でもかなり活躍していたことのあるファッション・フォトグラファー。カナダにも住んでいたことがあり、旅の経験も豊富で、ジョークのしょっちゅう混じるその英語での軽快な話を聞いていると時間のたつのも忘れてしまう、実に気のおけない友人だった。東京で確か一九九六年くらいに知り合った。このころ彼はロンドンにベースを移して二年目。、まだ友人も少なくお互い再会するのはうれしかった。売りに出ていた教会を買い取り住居兼スタジオに自分で改装したという建物の内部はだだっ広く、またどこもかしこも真っ白。その片隅にある、レストランの厨房も顔負けの本格的なキッチン（なおかつ見た目はかなりスタイリッシュ）で、ジャスティンがその晩はどこか元気のないあたしのためにご自慢の腕をふるってくれた。彼の中国料理の腕前ときたら、下手なレストランなんざ小指で弾《はじ》き飛ばせるほどなのだ。

今日のメニューは〝オックステール（牛のシッポ）と大根と人参の八角（スターアニス）煮こみ〟と〝芥子菜《からしな》の炒め物〟など。さっき、マーケットに行って食材はもう買ってきたといって準備にとりかかる彼。肩ほどに伸びた艶《つや》のある黒髪をきゅっと後ろで縛《しば》った格好で、てきぱき下ごしらえをすすめていく。ステレオからは、オミヤゲにと持参した、アンビエント・レーベルLSDのダブが気怠く流れてた。

ふだんはまず悩み事など人に漏らしたりしないあたし。。。なのだが、手際《てぎわ》よく料理していくジャスティンの隣りで、ダイニング・キッチンの椅子に座って赤ワイン飲みつつあれやこれやの話にふけるうち、リラックスして心がじわ〜〜〜っと彼の友情に包まれ、つい素直な感情が言葉となって口をついて出てしまった。

〝あたし、ニンシンしちゃったんダア。。キープするっていったん決めたけど、ほんとうはすごく迷ってる〟

ほんの少し眉毛をぴくりと動かしたくらいで、ジャスティンはおおげさに驚くこともなければ、ああしろこうしろと人生の先輩ぶってアドバイスすることもなかった（あたりまえか。シングルの男性がこういう場合にいえることなどさしてないのであろう）。あたしのグニャグニャした感情をさらにほじくったり、分析することもなく、さらっと、〝もう一度、よお〜〜〜〜く考えたほうがいいよ〟といったくらい。

しかしそのあとの彼のあたしに対する態度／面倒の見方はさらに温かく、まめまめしく、〝胎内にもういっこ命のある客人〟を扱う者としてのうやうやしさまで感じさせるようになった。彼の心のこもった友人としてのホスピタリティに、塞《ふさ》ぎこんでいたココロがどんなに癒されたかわからない。

二〇〇〇年当時、ジャスティンは四十五歳ほどだったと記憶する。肌のつやなどもさることながら、非常に楽天的で温かみのある、ユーモアにあふれた人柄は実際の年齢よりひとまわりも彼を若く見せていた。

ほどなくして、料理の数々がテーブルの上に並べられた。分厚い深鍋《なべ》からは、スープにさっと散らしたフレッシュ・コリアンダーと溶けこんだスターアニスの香りが蒸気とともに立ち昇っている。それらを皿に取り分けながら、彼の昔の話を聞いた。

ジャスティンはその昔、香港でやり手の株トレーダーだった。若くして成功をおさめ、デカい顧客を何人も抱え、何不自由ない暮らし。だが突然それらすべてに虚しさをおぼえ、仕事をやめて世界をまわる旅に出たのだという。

トレーダー時代の活躍のおかげで、贅沢をしなければしばらく暮らしていけるだけの貯金はもうあった。

インドから始まった旅は、アジア、ヨーロッパ、中東、南米。。と果てしなく続く。結局、四年を旅に費やし、やっと香港に帰ってきたとき、彼のポケットには公衆電話をかけるのにぎりぎり足りるくらいのキャッシュしか残っていなかったのだとか。

〝昔の同僚に電話してみたけど、敏腕トレーダーではない俺に会ってくれる奴はもうほとんどいなかったよ〟

ジャスティンは熱々のオックステール・スープをスプーンですくいながらいう。

結局、その後独学で始めた写真が今の自分の仕事になった。

サイは投げられ、ジャスティンは自分にフィットする新しい現実を創造したのだった。

美味《おい》しい食事のあと、ジャスティンが用意してくれた、日本の〝温泉パウダー〟を溶かしこんだ乳白色の湯がなみなみと張られたお風呂に浸かってから、午前一時ごろゲストルームのベッドに入った。

ジャスティンに貸してもらったトレーナーとスウェット・パンツは着心地もよく、真新しいリネンの清潔な匂いのするダブルベッドはすこぶる快適だった。

なのに、ひとりになってみるとまたもや絶望がむっくり頭をもたげ、なかなか寝つくことができなかった。。。何度も何度も寝返りをうち、延々と始まる自分との対話。。。。

こうしてる間にもオナカのなかでは休むコトなく細胞が分裂を続けてる。

もう答えを出すまでに時間がなかった。今夜、どちらに行くのか決めなければ。。

楽観的なほうへと傾いていた心が再びもう片方へと急降下をはじめる。。。。

そのとき。

天井から何かちいさな、白い点のようなものがスーーッと降りてきた。それは、横向きに寝ているあたしのちょうど目のまえまで降りてくると、まるでそこを〝停止ポイント〟と最初から定めてあったかのように静止した。

あたしは目をこらして、その小さな白い点が何なのか見つめた。

それはクモだった。

小さな、とても小さな、透きとおるように白いクモ。。。

まるで海中の生物のようにも見えるそれは、あたしの眉間からわずか五、六センチしか離れていない場所に足を縮めた格好で静止していた。その姿はあまりに弱々しくて、フッと息を吹きかけたらどこかに飛んでいってしまうに違いなかった。あたしはじっとそのクモを凝視した。。。

やがて、ゆっくりと、クモはその場で回転をはじめた。ゆっくり、ゆっくり、ひとつふたつと回転を続けるクモを凝視しているうち、あたしはこれが〝あの世からのメッセンジャー〟だという気がしてしょうがなくなってきた。。。妙な話かもねえ。。昔読んだ、芥川龍之介の〝蜘蛛の糸〟という小説が頭をそのときよぎったのもあるし、あるいはただそれと連動して想像力がおかしな方向へ行ったのかもしれない。

でも、そのときあたしの頭に浮かんだ考えは、ただひとつ、それもとて〜〜〜も強く、

〝これは、あの世にいるママからのメッセンジャーだ〟

ダッタ。。。。

結局、あたしは期限前に医者に行くことはなかった。サハラのそばにもダンスしにいったが失踪はしなかった。サイは投げられ、さらに混沌とした状況と働きかけののち、〝新しい現実〟は現出したのだ。

息子が産まれて一カ月後、イギリスの田舎の草原の真ん中で結婚式をやった。ロンドンやデンマーク、オーストラリア、日本（ブライアンにミッキーまで来てくれたんだよなあ。。ありがとよお）などからはるばる集まってくれた二百人ほどの友だちとギャロ、牧師さんが待つ〝サークル〟のなかへ、車からあたしの手をひいて連れていってくれたのはジャスティンだった。頭上には真っ青な空がひろがり、野の花が美しく咲いていた。穏やかな初夏の日だった。

ウェディング・ドレスのかわりに、以前バーニング・マンで着た、メタリック・シルバーのミニドレスを着た。胸の部分には、自分でアップリケしたフォログラフィの幾何学模様がついていた。ギャロはメタリック・パープルのスーツに金髪のドレッドに銀のカウボーイ・ハット、アシャンティは足もとに置かれたバスケットのなかですやすや眠っていた。

しばらく、ジャスティンとも連絡をとってない。たぶん、忙しく日々を送っているのだとおもう。でも、息子の四歳の誕生日がきたということだけは、彼に連絡しなくては。そして、あの一夜のホスピタリティに対してお礼をいわなくては、と思う。あの夜、オックス・テールのスープを作ったことや、どんな話をしたかなんて、たぶん彼は覚えていないだろう。クモの話だって、一度も彼にはしなかった。

でも、なあんとなく、今だったらあのときの話をしたいなあ、とあたしは思うのだ。ジャスティン、なんていうかしらん。やっぱり、また眉を片方だけあげて、

〝俺は敏腕トレーダーだったからね。客人をデカイ勝負にはってみようって気にさせるのはウマいんだ〟

とでもいうかしらん。。。

今日の日記、重すぎたらごめんね。

ここまで読んでくださったアナタ、ありがとうです。

**2005.04.08 22:54**

**島はしご**

ただいま〜。五日（火曜日）から今日の金曜日まで、仕事を兼ねた休暇で家族でトラワンガン島に行ってましたん。飛行機で隣りのロンボク島にいき、車でジャングル深い山沿いに五十分ドライブ、さらに浜からボートで三十分ばかし海を疾走した場所にあるこじんまりした島。。島から島に行って休暇になるのか？　と思いきや、ネットもなし、携帯も切って、キッズと心ゆくまま遊んで。。ってゆーのはサイコーだったです。

さっき午後五時ごろ帰ってきたら、今日オーストラリアから東京に帰るついでにバリに寄ることになっていたケント（DJ JET MORE）が、一足先に我が家に着いていて、ひさびさ再会のハグハグハグハグ。

彼は今回ではや四回目のバリ民宿レモン滞在。イギリスでやったウェディング（前回日記参照）にもＡＢディジリデューとともに遠路はるばる来てくれて、ヘンナイト（花嫁と女友だちだけで超ハメをはずして飲みまくる結婚式前夜祭）ではストリッパーの役まで買っててくれた（あたしたち女群に買われた。。という説もあるが）盟友である。

今夜、あたしとギャロは某所で午前二時ごろまでＤＪ（信じられない。。。チカレタよー。

眠いよー）、そのあとケントが66のラウンジ〝PAPARAZZI〟でまわしてるので（午前十二時〜三時）、そっちもチョコッといかなくては。。。

あ。。。もうこんな時間。。。用意しなくっちゃあ。

そりじゃ〜〜〜〜

## 2005.04.11 01:13
## Album Mix Finish!!!!!わ〜〜〜〜い@@@@

本日、プログラミング／アレンジ／パフォーマンス。。。に二年半（そのまえの曲ため期間をいれたらもっと）をかけたソロアルバムのファイナル・ミックスが終了いたしました〜〜〜〜〜！！
わ〜〜い、わ〜〜い、うれしいな〜〜〜〜@@@
G5導入してからかなり音質も向上し、大満足！
明日、オーストラリアにマスタリングのため音源送って、アルバム制作の第一段階は無事終了！

そのあとはジャケットあげて（今日、アグースに撮ってもらった写真が届いて、これもイメージばっちり）、ジャカルタでマニュファクチャリング、ディストリビューターにサンプル発送。。といった過程を経て、あっしのレーベル〝ハイポ＝エスプレッソ〟が始動となりま〜〜〜す！

一応、ウェブも完成ではないけどオンラインになってるので覗いてみてちょ。

http://www.hypoespresso.com/

音はサイケデリックなツイストの効いたラウンジ・テクノDUB、パンクなエレクトロニカです。

うれしくってあたしゃあ、思いっきりシャンパン飲んじまったー！

## 2005.04.15 01:11
**モロッコ**

朝から打ち合わせづめ。自分の、ギャロの、各打ち合わせをすべて自宅か仕事場であるスタジオでこなす。訪れた相手はイタリア人／イギリス人／マヨルカ島在住のスペイン人／アメリカ人、プラス電話でジャカルタのインドネシア人取引先などと話したりして、もう脳は溶解寸前。。

でも、いーんだも～～ん！だって。。。

今夜のご飯はクスクス～～～～っと！！！

アタシはコレが大好き！！　野菜たっぷり、ラム肉いれて煮こんだトマト味のシチュー、〝タジン〟を一緒に添えて、混ぜ混ぜぐにゃぐにゃして食べると一気に蘇《よみがえ》るあの空気。。。

最近は、〝味覚〟をパスワードとした〝メモリー・ファイル・アクセス〟がクセ（？）になっておりますが、今回も。あたしのブレイン・コンピュータの常連バグですね、これはもう。

昔だったら〝マッチをするたびフォログラフィ映像が浮かんできたマッチ売りの少女みたい（そー考えると彼女はテクノロジー先取りしすぎてたんだね、きっと）〟とか、哀しいコトをいう人もいたかもしれないねえ。

まあ、いいや。

で、今回のメモリー・フラッシュバック先は？

ピ～～ヒャララ～～～～～～～（ジョジョカ村の笛の音）！！！！

モロッコ！！！！！！！

話はロンドンのジャスティン宅で蜘蛛君に遭遇した（日記〝オックステール・スープと蜘蛛の糸〟参照）数カ月後からはじまる。

ふっくらしたオナカでL・Aやドイツのケルン、ギリシャのオリンポス山中での野外パーティー（！！絶景だった。寒かったけど）などにDJにいき、やっと、モロッコに行く数週間まえの十二月初旬に、ロンドンのポートベローに念願のフラットを借りた。デヴォンの田舎寄宿舎住まい（日記〝マーマレード・ヨーロッパ〟参照）からいったん離れることに決めて、女友だちカミラ（ジョージの妹）の家にお世話になりながら、大きくなりはじめたオナカで不動産屋まわりして見つけた物件。

ノッティング・ヒルの地下鉄の駅からてくてく歩き、坂をくだって路上マーケットに入り、そのまままっすぐ、HSBCバンク横の坂を昇り切ったところにある、前庭の美しい建物だった。。。

ポートベローにはふだんから花や野菜、果物、日用雑貨品を並べた屋台が出ていて、ちょっとした買い物にでてそーゆー屋台のおばちゃんやおじちゃんと言葉を交わすのも楽しい。

何かと便利な場所にあるので、近所に住むジョージやジェームス（フライング・ライノ）、当時ドラゴンフライのレーベル・マネージャーだったダレン、たまたまロンドンに来ているときのアンティー（スパイラル・トラックス）などの友人たちが訪れては、あたしとギャロで作った新曲を聴いて意見を聞かせてくれたり、彼らがゲットした新しい音源なんかを聴かせてくれた。

また、そうした友人たちのレーベル・オフィスやミュージシャン仲間の家に行って音を聴かせ合いっこしたり、パブで新しいアイデアや計画についてしゃべったり。ロンドンは東京とは違うスピードながら、いつも何かが産まれかけていたり、誰かが次のプランに着手してたりで、刺激にあふれ、とても楽しかった。

そんなある日、女友だちヒデちゃんが日本からはるばるやってきた。彼女もモロッコ／ワルザザードそばで開かれる年越しパーティー、〝Morocco 2001〟に行くんである。ゴロゴロと大きなスーツケースをひいてフラットに入ってくる彼女を見て、

〝まさか、これ砂漠のそばまで持ってくの～！！？？〟とビビるあたしに、

〝そーだけど？〟と彼女。しかし、そのあと、もっとデカイ荷物を作ってしまったあたしである。

しばらくオチテタあたしには彼女との再会はうれしかった。。

もりあがってきたじょ〜〜！！　ってな感じである。

さらに、カムデン・マーケットのサイバー・ドッグでオレンジのフードつきエイリアン風ジャケット、テクノな靴屋でみっけたこれまた蛍光オレンジのフェイクファー製のレッグ・ウオーマー（ってゆーのかな。パチって装着するプラスティックの留め金がついてた）などを購入し、冬のモロッコでパーティーする準備は万端！！！！！　いったるでえ〜〜〜〜！！

大晦日の三日まえ、イギリスの空港からモロッコ／マラケシュに向かう飛行機のなかはスゴいコトになっていた。何せ、オーガナイザーが、今回出演のアーティストやその連れ／友人たちの分まで全部まとめて同じ便にしてしまったのである。小ぶりな機内はほとんど貸し切り状態。

それはハッキリいって、〝空飛ぶマジカル・ミステリー・ツアー〟、モンティ・パイソンのフライング・サーカスならぬ、〝ケン・キージー風フライング・バス〟であった。

イギリスのパーティー人はなんつーかー酒豪／チャンプルー猛者度が高いんだけど、こんときもすごかった。。まーウイスキーのボトルくわえてラッパ飲み、くらいはフツーにいるとして、離陸／着陸のシートベルト着用サインが出てるときすら皆フツーに歩きまわり、誰かがかけてる簡易プレイヤーから流れる音楽にあわせて軽く踊ったり、なかにはフツーに座席でマキマキしてる人たちまで（ま、イギリスでは二〇〇四年に草所持を〝逮捕に値しない〟とする正式な法案ができていて、この時点でもカナビスの少量の所持ならあまり問題はない、というのが国内での一般的な認識だった）。。。オイオイ、六十年代のストーンズのツアーじゃないんだから、って感じのロックな小一時間でした。

妊娠六カ月目にして人生二度目のマラケシュ。前回はスペイン／アルヘシラスからフェリーに乗ってモロッコ／タンジールに上陸し、バスと列車を乗り継いできたので、それにくらべればあっさりしすぎて拍子抜けするようなマラケシュ入りではある。にもかかわらず、変わることないカオスは速攻であたしをヨーロッパ文明のしゃらくさいエコーから遠～～くへ連れ去ってくれる。

阿鼻叫喚のフナ広場。大道芸人たちの海。しぼりたてのオレンジ・ジュースを売る屋台のかわいらしい少年、舌をべろんちょと出した山羊の頭のスープ、色とりどり、縞模様のジェラバを着て行きかう男たち。メディナの喧噪。銀細工や絨毯屋の奥から流れてくるアラビアン・ポップス。ハッシッシ？　とすれ違いざま声をかけてくる者、こっちの膨らんだオナカをモノともせずナンパしてくる髭野郎。フランス広場を見下ろすカフェへ息をきらし昇る階段、大好きな青やオレンジのタイルのモザイク模様。赤い街並み、はるか彼方に見えるアトラス山脈の淡い稜線、薄い青空の下、響き渡るコーラン。。。。。

あ〜〜、あたしはモロッコが大好きだあ〜〜！！　と大声で叫びたくなる。いつか、死ぬまでに一度は住んでみたい国のひとつである。

なぜだかわからないけど、そこにいるだけで懐かしい気持ちになり、魂が安らぐ（って、しつこいのに囲まれてるときはサスガにいらつくが）。今まで踏んだ土地で、こーゆー気持ちになる場所はバリのウブドあたりとモロッコくらいかなあ。。　数ある前世のうちのひとつがベドウインの頭目だった、と昔とあるチャネラーみたいな人たちにいわれたことがある。たち、というのはある時期、前後してたまたま出逢った三人のまったく違うチャネラーたちに同じことをいわれて超ビビッたから。彼らには自分に関する情報も与えなかったし（何にひかれるか、とか）、その三人はもちろんお互い知り合いではなかった。

盗賊の頭目だったら嫌だけど、小さな部族とともにテントを張りながら移動し、楽しく暮らしていた前世だったら、おおいにフラッシュバックしてもらいたいものだ。

雪を抱いた山並みを彼方に、深い谷を脇に見下ろしながら走ること数時間、ワルザードの街に到着。そこからさらにしばらく走ってから、石ころの多い大地のなかを、道なき道のようなものが走ってるところを右折、ガタガタ行くと、唐突に鏡のように穏やかな湖が視界に飛びこんでくる。その湖のほとり、ひらけて高台になった場所が今回のヴェニューだった。

〝これって誰かがコンピュータで作成した画像?〟ってゆーくらい、まわりの礫漠と湖とのコントラストが非日常的だった。あまり草も生えてない対岸には、世界中から集まったパーティー・ピープルが張ったテントでできた小型の町みたいなのが今回も見渡せる。

それを見るだけで、ジワジワとうれしさがこみ上げてくる。何度見たってそうなる。この〝テント町/村〟が背景を変えて出現しているの見たさに地球上をほっつき歩いているのではあるまいかと自問するくらいだ。

昼と夜の激しい温度差に、砂嵐などでけっこう過酷な状況だったにもかかわらず、パーティーが終わるまでかなりの人が現地に滞在していた(ワルザードのホテルなどに滞在してた人も多かったみたい。実はあたしもそーでした。今回はサスガに)。

パーティー開始の時刻が近づくにつれ期待は高まり、さっそくロンドンからはるばる持ってきたシャンパンの栓を抜き、これまたはるばる持ってきたグラスに注いで乾杯してる気の早いのまでいる始末。

青いターバンを巻いたベドウイン〝ブルーマン〟たちや、トンブクトゥあたりから砂漠を横断して、まさかはるばるやってきたのかしらん、と思わせる西アフリカ的な人々。。も加わってのオープニング・セレモニー。アラブ的、アフリカ的、テクノ、いろ〜〜んなビートが混ざり合って、かけ声に手拍子に大地な唄ごえが上にかぶさり、ジャンジャカジャンジャカ♪パパパンパン、ドッドッドドドにぐるぐるぐる〜〜〜〜@@@@@@祝祭じゃ、祝祭じゃ、祝うのじゃ〜〜！！　ま新しきページをまた一枚めくることができたコトを！！

数カ所に張られた大型のベドウイン・テントのなかには色鮮やかなペルシャ絨毯が敷きつめられ、モロッコ風クッションなどが数えきれないほど置いてあり、見た目も居心地も最高なチルアウト・エリアになっていた。

夜ともなればこのなかは実に暖かく、吐く息が白いほどの外の寒さから守ってくれた。その寒さとても踊ってれば別に問題ないんだけど、妊娠六カ月目はケッコー疲れやすく、踊らずブルブルしてきたら速攻そこに行きマッタリしてたなあ。。

ここで再会した世界各国の友人たちもいて、その人たちとおしゃべりしたり、リラックスのため（？）ヒデちゃんやハイメにオナカをナデナデしてもらったり、背中や腰をもんでもらったり、またちょい踊りに出たりを繰り返しながら夜は更けてゆく。。。ベドウイン・テントのなかは国籍ごった煮状態の人々に、ジャンベやボンゴを打ち鳴らす音が喧噪となって混じり合い、水パイプなんかのケムリでうっすら霧が立ちこめているかのような。。それらを眺めながら、

〝ホント、あたしたちって踊る阿呆に動く阿呆だねえ〟

ヒデちゃんとそう話したっけ～～（毎回出るセリフともいう）。

チルアウト・ステージのあるエリアはエリアで夢のような美しさ。

メインステージのあるエリアからエッチラオッチラとゆっくりオナカを抱えて真っ白い瓦礫の道を歩くこと二十分！！（たまにゆっくり休んだりすると三十分近くかかったこともあった！！！！）

静謐な湖のほとり、た～～くさんのアート、石や流木を使った即興オブジェ、チャイを飲

んで和む人々、パーティー中もアーティストにより成長を続けるパビリオンはそれ自体が彼の作品。。。照りつける真昼のモロッコの日差しの下、ダブやダウンテンポかつトライバルな曲に会わせて、影のようにゆっくり不思議なダンスを続けるジェラバ姿のモロッコの男。。。作家ミシェル・グリーンの言葉を借りるなら、それはまさに〝地の果ての夢〟(彼女はタンジールを指していったのだけれど)。裸の太陽の下の至福。。。。。。

地獄ムーンサルトのあとのこの旅の醍醐味は、やはり、初めて〝子供という道連れのいる旅〟というものを肉体的に、そして肯定的に感じ／味わったことに尽きると思う。。。もちろんまだ自分の胎内にいる状態での〝道連れ〟だったわけなんだけど、気づくとなんか話しかけちゃったりしてた。

〝きれ〜〜なトコロだねえ〟とか、〝このベース、ママ踊らされるなあ〟とかさ。

あと、〝妊娠中は宇宙とじかにつながっている〟ってパーティーで知り合いにいわれたんだけど、確かに、どんなカオスのなかにいても、すう〜っと息を深く吸って吐くだけで、スッと瞑想がウマくいっているときの状態にはいれたりとか、あった気がする。

これ書いてるとき、なんとジョージが我が家を訪れた！！　バリに二週間来てたのは知ってたんだけど、バリ北部にメディテーションしにいってて、いつ家に来るかわからなかったので、なんか偶然！　って思ってたら、その半時間後に今度はカミラ（ジョージの妹。文中にも出てくる）がロンドンからはるばる電話をかけてきた！！！　しかも家にジョージが来ているとは知らずに。。。

〝え〜今さー、あんたのこと触れた日記書いてたんだよお〟っていったら、

〝起きてブレックファスト作ってたら、なーんか話したくなっちゃってさあ〟

だって。。。

怖すぎ！！

## 2005.04.18 23:30
## Steppen Doof

スタジオの隅にあるヒンドゥーの神棚に、さっきケテュットちゃんがお供えしてってくれた。そのインセンスの香りがまだ残ってる。〝煙は機材によくない〟とギャロはいうけれど

あたしはこれが好き。

過去三日間はあまりに怒濤《どとう》の日々だったので、今日は一日家でゆっくりしてた。

土曜日の夜、とある新しいクラブのオープニングでまわした。女DJばかり三人フューチャーしたイベントで、あとのふたりはジャカルタから来たワンティーとケケ。ふたりともすごくキュート&フレンドリーで、いろいろ話す。世界最大規模のイスラム国家におけるムスリム女性DJという生き方に興味があったから。特にワンティーはかなりハードなトライバル・テックハウスをぶいぶいやるので名が知れている。髪をベリー・ショートに刈り上げた彼女にジャカルタの音楽シーンについて尋ねると、〝かなりメンズ・ワールド〟とのこと。女性DJはジャカルタ全体で二十人ほどしか（も？）いないとか。もうひとり、ケケは写真もやっているとのことで、ラウンジDJするのはその合間をぬってだという。彼女はそのあとあたしが行く予定のパーティーにどうしても一緒に行きたいというので、これまたかわいらしい感じの彼女のボーイフレンドともども、連れていく。

車を飛ばして向かったのはチャングーにあるヴィラ・サワーという美しい個人宅の庭でのイタリア人アンドレアのバースデイ・パーティー。暗い田んぼ沿いの道に、バンジャール

（バリニーズの町内会みたいな組織）のメンバーたちがセキュリティーの正装（チェックのサロンを腰にまいて頭にも正装用のハチマキみたいのを締めている）をして立ち、トーチ片手に交通整理をしている。バリでパーティーをするときは必ず、地元のバンジャールと事前に話し合いをして、許可をとるのが鉄則になっている。

車から降りて、バンジャールの青年やおじさんたちと少し話す。

〝この辺にローカルたちの家はないの？　赤ちゃんたちやおばあちゃんたちが眠れないんじゃない？〟と聞くと、

〝ここから近いのはウエスタンの家ばかりだし、今夜はバンジャールからオーガナイザーに特別な許可を出してあるから心配はいらない〟とのこと。よかった。けっこうここはレジデンツ・エリア（居住用の家が多いエリア）だし、騒音（？）を出す側にしてみたら、こういうコンディションってすごく気になる。

このヴィラはとにかく〝気〟がいい。建築自体も美しいし、段々になった田んぼがどこまでもず～～っと見渡せて素晴らしい。敷地内にぎっしり集まったクラウドもすごくいいヴァイブだった。もちろん日記にちょくちょく名前が出てくるトランス・クルー、パーティー・

アニマルたちはもちろん、今まで見たことのない人たちもいっぱい。今までバリで体験したなかでは一番楽しかった！！！

DJはあたしが一時から二時間、そのあとケント（DJ Jet More）、イギリス人のグリンなど。あたしとケントの音はパンクでロックなテックハウスなんだけど、そーゆー音ですごく楽しそうに踊ってる三百五十人くらいのパーティー・ピープルを見てて思ったのは、〝バリのパーティー・シーンが次のディレクションに向かって実際にシフトしはじめてるなあ〟っていう実感。あと、やっぱりバリのパーティーは、こーゆー、有志的／ゲリラ的なフリー・パーティーが一番オモしろいってこと！　クーデターなんかの予算／広告いっぱいかけたのもそれはそれでシャンパン／ドレスアップな感じでいいんだけど、面白い人間たちが集まるのはやっぱ口コミのフリー・パーティーかな。。これが発展していくことを祈る！

明けて日曜日は午後二時から息子アシャンティの四歳の誕生日会。二十人ほどのキッズ、七人ほどのバリニーズ娘やジャワからの知人の女性、ヒカリのチエミちゃんや夕べ朝まで激踊りしてたリアットやブーツまで来てくれて感激。イルの息子たちもパリっとお洒落して、いろんな国籍の子供たちと夢中になってゲームに興じている（ビスケットを糸でぶら下げてあるものを手を使わず食べるゲーム、とかスプーンにウズラのゆで卵をのせて四メートルほど運び、さらに剥いてから食べる早さを競う、など)。イルもそれを見て涙流して笑い転げてるし、夕べ、バリニーズお得意の、椰子の葉っぱを美しく細工した飾りつけを張り切って作り、今朝美しく部屋を飾りつけしてくれたケテュットちゃんもすご〜〜〜くうれしそう。ギャロもブーツやレットとビール片手にニコニコパパ。。。よかったよかった。バリに来てよかった。あんとき沈没せずよかった。とりあえず&これからも。。。

その後、ウルワトウにある某所でまわす。終わったのは夜中の二時半。。。もうしばらくいい。。。

## 2005.04.20 02:06
## ナイトキャップ一杯やろう!!

今夜は、夜十時半からマレーシア領域のディストリビューションに関してのミーティング(こんな時間帯での打ち合わせがほんとうにこっちではあるんです。。)をする予定がクーデターであったので、たまたま我が家に来ていたアン・マリーと、クー近くのフー・バーで一杯やってからそっちへ向かおうと一時間早めに家を出た。

……のハズが、フー・バーに着いて飲み物をオーダーした直後、先方から電話。

〝昼間、ビーチで太陽に当たりすぎたらしく、熱が出て気持ちが悪い。申しわけないがミーティングは明日クーデターでのランチ・ミーティングにしてくれないだろうか〟とのこと。こんな言い訳、バリでしかあり得ない。。。

が、仕方ないのでわかったといい、手持ちぶさたプラスめったに夜外出しない（DJブッキングが入っているときを除いて）のも手伝って、なーんとなく今夜一緒にノミテーなーと感じた友人数人に電話。

で、来てくれたのが、バリ・ベースのファッション・デザイナー、Paul Ropp。彼はアメリカ／NYブルックリン出身のユダヤ人で六十歳近いが、つやつやの肌に生気あふれる眼、モンゴル風のモヒカンにカラフルなシャツを着た、TRUEボヘミアン。彼の経歴は聞くだけで面白い。ローディーとして働いたウッドストックで真のギャザリングを体験した彼は、ベトナム戦争最中に、〝アメリカ国旗〟をプリントしたロール・ペーパーを全米で売りだし、〝国旗に火をつけジョイントを吸う〟行為をとおして〝反戦、世界平和〟を訴えようとする全米中の若者（ベトナム現地に派遣されていた兵士も含む）に支持され、莫大《ばくだい》な利益を得る。

その後、インドのゴアに移住し、妻と子供たちをもうけ、タイダイ・シャツの製造／販売からはじめて、今では五千人を越える人口の村ひとつがまるごと、彼のデザインするテキスタイル／服のため、織り、染めからビーズの縫い取り、刺繍などの仕事によって収入を得ているのだという豪快な人物である。

今、子供たちは彼らの希望によってインドの寄宿舎学校で学んでいる。彼自身はかなりまえからバリにベースを移してずいぶんになる。

その人となりは、〝布袋様〟みたいな体格なのに鍛えられていて、目つきはするどく、それでいて打ち解けた相手には〝何もそこまで〟といったような打ち明け話もかまわずぶちまけ、釣りをこよなく愛する。

何でも、十年間ほど、メジャーなコーポレーションとの提携のもとでコマーシャルなデザイン／制作に追われたあげく自分を見失い、つくづくファッションに嫌気《いやけ》がさして、ある日突然、〝釣りにいく〟といって姿をくらまし、その後四年ものあいだ仕事は人にまかせてひたすら釣りに明け暮れたのだとか。四年目のある日、会計士から長距離電話がきて、〝そろそろ仕事に戻ったほうがいい〟とアドバイスされて、デザイン室に舞い戻った。

あたしは彼の二〇〇四年夏のコレクションのショーの音楽編集および店用ＣＤのコンパイル、バリのコレクションでのＤＪなんかをやったんだけど、その数期まえから基本のインド・テイストに戻ったという彼のデザインした服は、男女どっちのも色鮮やかでまたディテイル、細部が息を飲むほど美しく、シェイプはエレガントかつ官能的で素晴らしかった。まさに一点ずつがアート。〞I design for sensual, not for sexual〟という彼自身の言葉がぴったりだった。

また、〞すべてのはじまりは、自分にとってサバイバル、その一言だった〟という言葉も胸に残ってる。

興味のある方は、http://www. paulropp. com を覗いてみて。

で、今夜、そんなポールが同伴してきてくれたのが、何だか〞女優／男優？〟みたいなやたら素敵なカップル。ファッション関係の人たちかな、と思いきや、ふたりともオーストリア出身で、特に旦那のほうは昔ポルトガルでトランスのパーティーをオーガナイズしてたとかでびっくり。おとといのヴィラ・サワーのパーティーでもふたりして踊りまくってたとか。

〞今年は、はじまりに行ったオーストラリアのレインボー・サーペントとバイロン近くのエクソダスが最高だった〟なんてゆーんで、あたしはすっかりうれしくなっちまい、ニュー・

アルバムの限定サンプルをついあげてしまった。酔ってたし。。

そんなあたしら四人で話の途中で盛り上がったのが、

〝デヴィッド・ボウイのどの曲に一番シビレルか〟とゆーテーマ。

ポールは〝ジギー・スターダスト〟、あたしとカップルの女性のほうが〝ヒーローズ〟、男性のほうが〝キャットナントカ（忘れた！！）〟。じゃあ、ボウイの出てた映画では？とゆーあたしの質問に、ポールは〝地球に落ちて来た男〟（これはいいよね！！）、カップル女性は〝戦場のメリー・クリスマス〟（これもいい）、あたしは〝ハンガー〟ってなところでした。

で、さっき、帰ってきました。。。ひさびさに楽しい〝night cap〟でした〜〜〜〜んっと。

んじゃ、おやすみ！！

## 2005.04.20 22:19
## ヒマラヤの夢

今日〝ヒマラヤ〟とゆー映画をＤＶＤで観た。

ああ。。。。。。。。。あまりの美しさに呆然。

森はないけど桃源郷、光と影と色、魂の陶酔感。。。
しかも出てくる男たち（小僧、じいちゃんも含め）がカッコいいのなんのって。。。
あまりに気持ちよくなっちゃったんで、もう寝ます。
夢のなかでヒマラヤに行けたらいいな〜〜〜〜〜〜

## 2005.04.23 23:54
## Final Galore

今夜は満月なので、いつものようにヒンドゥーの吟唱が闇の向こうから聞こえてくる。外出する予定もない、久しぶりに静かで落ち着いた満月の週末。
ギャロは衛星で、大好きなチェルシーのサッカー戦を見ている。子供たちはケテュットちゃんとすやすや寝てる。なんかいいなあ、こーゆーの。。

さて。たぶん、〃コージーはずいぶん、昔ばなしばっかりミクシィでしてるよなあ〃って思ってた人もいたと思うけど、当たってます。まあ、ちょっとまえから〃回想〃みたいのをたまに書いてたわけね。で、何回か時間軸にそって書いてきて、それにともないスッカリ忘れかけていた出来事や、気持ちがフラッシュバックしてきて、個人的にその作業が楽しくなっちゃったの。でも、正確な出来事の前後関係が記憶のなかであやしくなってきてたんで、今日、戸棚の奥で朽ちかけていた昔のスケジュール帳をなんとか探しだしてきて、ひさびさに見返してみたら、モーびっくり。息子が産まれてからの自分の軌跡が、あまりにメチャクチャ。もうほとんどブラインド・ラン。

もし、これを前もって今のあたしが知っていたら、〝オメー、もーちょっとナントカ考えろ！　ベイビーがかわいそうだろ！！！〟と怒って、のび太とどらえもんを脅してタイム・マシンをのっとり、自分に説教垂れにいったであろう。そのくらい、思慮に欠けている。

これをもう何回かにわけて長々と書くのも気がすすまない（別にやらなくてもいいんだろうけど、始めたことは終わらせる主義なの。小学校で新聞委員だったし。あれ？）

ですんで、今夜はファイナル版早送りフラッシュバック。キックはナスティーに、ベースはぶにゅぶにゅ系、ＢＰＭはそーですね、１４８くらいでお願いします（すでにソートー速い）。十五行目くらいからハット、二〇〇二年に入ったあたりでタンバリンがチャカチャカ入り、三月の終わりにスネアロールが16小節入って、最後はスーパーノヴァのシンセ炸裂りフを頭のなかで入れてチョーダイね。4649。

じゃあ行くよ〜〜〜〜！！！

二〇〇一年（キック四つ打ち入ってくる）

四月に、アシャンティ誕生、六月に結婚。

七月／東京、ソリスティス（仕事）、イクイノックスの穂高武尊祭（これは純粋に遊び）。

八月中旬／サンフランシスコのFusion FestivalでＤＪ／ゼンレモのライブ。

八月末―九月／ギリシャ、サモスラキ島でのSola Luna（samothraki レイヴの記念すべき一回目）でフリースタイルＤＪ。

（ここでうねるベースライン入ってくる）

ギリシャはもうそれまでに五回ほど来たことがあったけど、サモスラキ島の自然にあたしは恋をしてしまった。。あんなに官能的な、女性的な自然というものが存在することを初めて知った。日本の森も大好きだけれど、それらがどちらかというと〝男性的な（あたしにとっては）、なんてゆーかいかにもサムライやニンジャがいそうな、禁欲的な雰囲気がするのにくらべ、ここのは圧倒的にフェミニンでセンシュアル。

酒杯を担いで、身をくねらして舞い踊る肉感的な妖精たちがそのまま木に身を変えてしまったかのような巨木があちこちにあったり。。。そこにいるだけで、自然に酔っぱらってしまうような、そんなセクシーな森のなかにチルエリアがあったり、ダンス・フロアからそのまま蒼いエーゲ海に飛びこめて、水平線の彼方にはうっすらトルコが浮き上がっているのだからたまらない。。。音の魂である音霊と、自然の魂がまわりでは常に交歓しあっている。。といったような日々で、今までいった数々のアウトドア・パーティーのなかでもダントツにお気に入りになってしまった。

だいたい（このへんからハットよろしく）、ダンスフロアで半裸になって踊っているギリシャ人のパーティー男子はそのままで半身半獣の酒神バッカスの従者のようでもあるし（しかも彼らは踊っているときはどんなにクレージーでも話したら結構丁重で、礼儀正しくて、日本のパーティー男子にもよく感じられるストイックさがどこかにあって、それも好きだった）。。女の子たちもとても官能的で凛々しい、素敵なのがいっぱいいて、見ているだけで楽しかった。世界中から集まった友だちもたくさんいて、この一回目のパーティー、ほんとうによかった。

といっても、アシャンティが四カ月だったので、夜はもちろんホテルで早く寝て、朝、早起きしてベニューへ、というパターン。でも赤ちゃんの耳には当然、音が強すぎるので、チルエリアでアシャンティとまったり。。っていうのが多かったなあ。メイン・ダンスフロアを覗くときも、スピーカーからはなるべく遠く離れて、海沿いのダンスフロアの後ろ〜〜(ほとんど波打ち際)のほうで踊ったりしてた。仲良しのKBフランキー&アネットが息子シモンを連れてきてたり、とんぼ屋店主ユース&ジェニーも二人の子供たちを連れてきてたので、彼らと森に渡したハンモックに子供を入れて遊んだり、海に沿っていくつか建てられていた、流木を使った〝カマクラ(雪でつくるヤツね)〟みたいなドーム状の小屋のなかでおしゃべりしたり。。という時間も楽しんだ。

あと、ここでの良さは、パーティーの終わったあとも、まだあまり観光化されていない村のタベルナ(ギリシャの飯屋ってゆーか、地元の人たちが食事やワインを楽しむレストラン)で、そういった世界から集まった友だちたちと夕暮れから始まって九時、十時くらいまでの長ーい時間を食事やワインを楽しみながら過ごしたこと。野外にあるタベルナの席は、ぶどうやなんかの蔓《つる》棚の下にあったり、大きな木の涼しげな葉が茂る下にあったりして、居心地いいことこのうえなかった。

島をあとにした九月十一日、アレキサンドラポリスに向かうフェリーのなかでニューヨーク世界貿易センターへのテロ攻撃を知る。（でかいシンバル入る）船内のラウンジにいくつかある備え付きの小型ＴＶに、一般乗客、レイヴァーたち皆釘づけになって見入る。繰り返される爆発の映像に、頭にスカーフを巻いたギリシャ人の太った老婦人が祈りの言葉らしきものをつぶやきながら首を振っている。手を口にあてて絶句しているドレッドの彼女の肩を手でさすりながら、自分も呆然と画面に見入っているフラクタル模様のＴシャツを着た男性。何が起こったのか、まだ誰もハッキリとわからず、とまどった空気だけが船内を覆う。ここ十日続いていた祝祭的なヴァイブの幕切れとしては、あまりにショッキングかつシニカル。

十月（シンバル入る）／再びデンマークへソロ・ライブをやりにいく。今回は息子つき。再びフランキーおよびトビー宅にステイ。その後ハンブルグで仲良しのサリー・デューラリーとルイと落ち合い、東ドイツへ女ＤＪ三人でツアー。息子はまえに、ＤＪバッグは後ろにぶらさがっていた。アシャンティのおかげで航空会社が空席のビジネスクラスに座らせてくれたりも。

十二月（シンバル再び、しかも何げにＢＰＭがいっこあがる）／コパンガン２００２にてプレイするため、タイに向かって家族三人で発つ。今回は一緒だったスペース・トライブのオリーが四歳の娘のジーを連れてきていたので、彼らとよく過ごした。実は、カウントダウンまえの九〜十一時にあたしがメインフロアでＤＪしていた間、アシャンティを見ていてくれたのも彼だった（ギャロはその晩、具合が悪くなってしまい、ホテルで寝こんでいた。。あ〜〜あ）。出演者用の休憩場所として用意された、ベニューのなかにありながら、フロアからは離れた崖の上に建てられた、秘密基地みたいなツリーハウスだった。そのなかに、蚊帳つきのベッドがしつらえてあって、そこにアシャンティとジーを寝かせて、オリーは外のバルコニーに置かれた椅子の上に座って、遠く聞こえてくるキック＆ベースの音を聞きながら見ててくれたわけ。。。感謝してもシキレナイ。。。

明けて二〇〇二年（ＢＰＭさらに三こアップ。タンバリン16拍子で入ってくる）

一月／タイからオーストラリアへ。孫に会ってギャロのママは大喜び。三日間の野外パーティーSummer Dreaming 2002でゼンレモのライブ＆ＤＪ。その後またタイ経由でいったんイギリスへ戻る。

二月／奇跡的に（?）なんとかデヴォンでゼンレモのファースト・アルバム完成。

三月（BPMさらに二こあがる）／デヴォンをついに離れる。スーツケースひとつ（マックのどでかいコンピュータつき）で、ロンドンの友人宅のリビングの床で親子三人で寝起きする生活が四週間以上続く。。。理由は、信じられないことに、次にどこに住むのかが決められなかったから。子供だっているんだから、普通はそれを決めて、段取りをすべて組んでから出るものであろう。行きあたりばったりもここまでくると、恐ろしい。定住の候補地として当時名前があがっていたのは、イギリスならブライトン、またはデンマークのコペンハーゲン、ギリシャが何カ所か、アムステルダムなど。もちろん、それらは闇雲《やみくも》に選んだ〝候補地〟ではなく、一応、知人／友人も多く、当地に着いてから現地で仕事を再開するまでのモロモロのアレンジがたぶん最も早く／スムーズに運ぶ見込みが強い、などの基本条件は満たしている場所、というのはあった。しかし、ネットや友人たちとの電話でとりあえずの貸家状況などを調べつつも、決定は延ばし延ばしに。。ギャロはあいかわらず、毎週末はギグでイスラエルだの、ヨーロッパの他の国だの、ロスだのメキシコだのへ出かけていく。あたしはあたしで、とんぼ屋（ドラゴンフライ・レコード）やCDジャケットのデザイナーなどとの打ち合わせや、当時かかわっていた日本の仕事などがあり、忙しかったが、このあたりが精神的/状況的なボトム。かなりギリギリ。

そんなある日、ふと思いついて、〝バリはどうかな?〟とあたし。

〝バリ? 行ったことないから、どんなもんだかまったくわからないよ〟と怪訝《けげん》そうにいうギャロ。〝美しいところだし、物価も安いから暮らしやすいと思うよ〟〝でも、何のあてもないのに、ただ視察しにいくためだけに、航空費にお金はつかえないよ。ホリデイやってる場合じゃないんだし。わかってるだろ〟と彼。そうだよね。。。。あたしはうなずいた。

(このへんからさらに細かいハットが16刻みで。チキチキチキチキチ。。。。。。。。。。)

その会話を交わしたきっかり二日後。旧友でキングサイズ・レコードのオーナーでもあるダヴィデからまるで魔法のような電話がギャロにかかる。彼はイタリア系イギリス人なのだが、六年まえからバリに住んでいた。彼いわく、今、自分のソロ・アルバムをウブドの自宅で製作中なのだが、なかなかミックスに満足できない、ひいては、ぜひこちらに来て、共同プロデューサーとして一緒にアルバムを終わらせてくれないか? とのこと。

〝え? 今は妻と子供がいるって? 問題ない。三人分、チケットを手配する。滞在先もちゃんと用意しておくから、心配せず、すぐに来てほしい〃とダヴィデ。その後、短いやりとりがあり、カチャンと電話を切って、ギャロが信じられないように一言だけいった。。。
〃ときどき、俺は自分が世界でいちばんラッキーな男なんじゃないかって思うよ〃
やったああああたたたたたたタタタタタタタタタ
爆裂スネアロール16バー〜〜〜〜〜〜〜！！！！！！

その五日後、ほんとうに家族そろってバリ行きの飛行機のなかにいた。
コレは今考えても奇跡だったと思う。。。　宇宙に感謝。。。
ＢＰＭここでダメ押しで5こあがる。
さらにスペーシーなパッドシンセがうやうやしく入ってきて。。。

四月、五月中旬／バリ。素晴らしい時間を過ごし、イギリスからこちらに移ることを決意。ウブドにある家も見てまわり、そのなかのひとつ、デイヴィッド宅のある村から車で十五分ほど離れたタマン村にある、ポンドック・タマン・ラハユ（幸福亭）というリビング／キッチン＋二寝室にスタジオ用の部屋、庭つきのかわいらしい家を借りることに決め、半年分の家賃を手付けとして払う。ここで、〝帰ってくる〟家がバリにできたことになる（エスニックなサンプルがダビーに重なって入る。。リフが果てしもなくエンディングまで。。）。

五月後半／幸せな気分でイギリス／devonにいったん戻り、二日ですべて荷造り。さよならデヴォン（強くシンバル入る）。ロンドンへ。いくつかギグ。

六月中旬～七月／日本（なぜか尺八のサンプル入る。モチろんPANはぐるぐる、さらにフランジャーかかってる）新宿リキッドルームでのTOKIO DROMEでゼンレモのアルバム・リリース後、初ライブ（ジュンペイちゃんありがと）。二夏目のENちゃん宅ステイ。ミッキー、ひでちゃんちにも。その後三週間の合宿免許で免許証取得（アシャンティとそんなにも長く離ればなれは初めて。キツかった）！　合間を縫って（合宿先から数日の中休み許可を得て）Anoyo（佐渡島）SOLSTICE 2002などに出演。

八月（ハット、シンバル、リフ、ロール、サンプルノイズ、すべてごっちゃまぜ）／イギリス経由で二度目のギリシャ・サモスラキ島。今回は前回にも増して友人率高し。日本からもツヨシやチカ君やアキラ君、ひでちゃんなどの友人が。ゼンレモのライブ&DJ。運転も満喫。アシャンティはここでよちよち歩きはじめた。

九月／一瞬イギリスに帰り（ここでキックは抜けて）、ロンドンでゼンレモのアルバム・ラウンチ・パーティーをやったあと（ベースも抜ける）、十六日にバリへ移住。（ここでハットおよびシンセのみになる）

シャカシャカシャカカ、シャカ、釈迦、釈迦か？。。。かかかかか。。か。。

ひゅいーーーん。。。シンセの最後のエコーが消えて終わる。

〜〜〜〜〜〜〜〜〜〜〜〜〜〜〜〜〜〜〜〜〜〜〜〜〜〜〜〜〜〜〜

以上である。長い曲であった。しかもしまいにはBPM159になってるし。オイオイ、誰も踊れないじゃん！！　速すぎ！！

で、このあとが〝バリ章〟のはじまりなのね。そうとう行きあたりばったりである。だけど、行きあたりばったりをやってたのは、矛盾してるようだけど、それが行きあたりばったりではないのだということを、何とか自分自身に証明したかったのかも。。。うまくいえないけど。

たぶん、証明したかったのは〝現実のメカニズム〟っていってもいいかも。。。。すべての偶発的要因は宇宙の計らいで、自分がそれに対してどんなギャンブルを張るかは変容を欲する魂の問題であり、ダイスがどちらに転がるかは自分の未来の宿題がどこにあるかで決まる。。。。。っていうのを、自分をモルモットにして上から眺めてみたかったのかもしれないなああ。。。あー。。あたしが犯してきた愚行のかずかず！！！

この世に決められた運なんてものは存在しない、どんなに不条理な状況のように見えても、それはすべて宇宙がはからった大きな計画のひとつなんだ、ということを、自分を実験台にして証明したかったんだと思う。闇雲《やみくも》に迷走しているようでいて、その軌跡は何十年ののちに空から見てみたら、ハッピーそのもので、舌をだしてケツをこちらに向けているシンプソンの巨大な絵でも描いているのかもしれないんだから。。。これは、デンマークの女流作家、アイザック・ディネーセンが著した名作〝アフリカの日々〟のなかに出てくる小話をもじったあたしのニュー・フィロソフィーです。

あ〜〜〜、静かな夜のはずが、脳内はすごいことになっちゃったよ。もうおしまい！！

じゃ〜〜ね〜〜〜！！

## 2005.05.02 22:19
## カリマンタンへ？　秘境で四つ打ち

先週の水曜日からバリに来ていた両親／弟夫婦がさっき日本へと発った。それにともない運転手兼現地ガイドと化していたあたしもホッと一息。。。のハズが。

今週の金曜日、インドネシアはジャワ島にあるメダンという都市でＤＪするはずだったんだけど、予定が変わったとジャカルタのＤＪエージェント、リザから電話が。

そもそも、今月／来月にまたがって行われている〝ＤＪコンペティション〟のゲストみたいな感じで、あたしやギャロ含めバリからは六名ほどの国籍ごたまぜＤＪがインドネシア全土でいれかわり何回かスピンする、みたいな話だったのね。それが、直前になっていろいろ開催日／場所が変わってるらしい。

〝悪いんだけど、コージーの新しいブッキングは十三日にカリマンタンになったよ〟とリザ。

〝え？　カリマンタンってどこ？〟と聞くと、〝ボルネオ〟だという。。。。

ひょえ〜〜〜〜っっ！！　そそそんなトコロにクラブなんてあんのか？

しかもあたしはこないだ見た怖いニュースをハッと思いだした。

ついこないだ、カリマンタンのジャングルで小型民間飛行機が墜落、生存者を探しにジャカルタから飛んだ軍用飛行機が、現地のあまりに濃い霧と雨のため、三日以上、墜落したと思われる地帯のそばにも近づけなかった、とゆー話である。

ちょーど、バリ在住十五年のアメリカ人写真家クリストファーが来ていたので、あたしが暗い顔でこの話をすると、〝あー。カリマンタンね。よく落ちてるよ、あのへんは〟という。

しかも、スケジュール帳見たら、その日は〝十三日の金曜日〟。

え〜〜〜〜〜〜〜〜〜〜〜。。。。。

さっそく、グーグルでカリマンタンを検索。まず一個目。

〝カリマンタンはインドネシアの州のひとつで、ボルネオ島の南半分、赤道直下にあります〟

ふむふむ。さて次は。

〝一昔まえのカリマンタン島のイメージは、首狩り族、猛毒のコブラ、樹木から群がり落ちてくるヒル、熱帯の奇病などジャングルは魑魅魍魎《ちみもうりょう》の住処《すみか》であった〟

○○○○○　つ、次いこーか○○○

〃かつては人肉を食べることで野蛮人扱いされいたダヤッ人ですが、今では国の教育が行き届き、また交通の便がよくなったのも合わせて、どんどんと文明化され、今ではそういうイメージはまったくありません。しかし、未だジャングルの奥深くで文明から離れて暮らしている人々は、そのかぎりではないとも聞きました。さすがに確かめようがないので、それがほんとうなのかはよくわかりませんが、今でもダヤッ人は人肉を食べていると、恐れているインドネシア人が多いのは事実です。第二次世界大戦中には日本兵も勇猛なダヤッ人にはてこずり、結構殺されて食べられてしまったそうです。その代表的な墓は、ガバンとプッシバウ郊外にあるそうです。こう書くとかなり悪いイメージを持ってしまうかもしれませんが、実際に会ってみると親切でやさしい人が多いです。〃

○○○○○○○　だまってクリック○○○

〃政情不安なインドネシアのなかでは、カリマンタンは比較的安全な場所ですが、それでも違法な森林伐採におけるトラブルや、ダヤック族とマドラ族での民族紛争、マラリヤや赤痢など、気をつけなくてはならない事柄がいくつかあります。ジャングルのなかで日常的に行われている違法伐採には軍が関わっているともいわれ、不用意に伐採現場などに近づくととても危険です。〟

…………　まさか、軍用慰安施設とかじゃないよね。

そして最後に見たウェブではこう締めくくられていた。

〝この島は、なかなか旅行はできません。あたしたちの知っている人々のなかでも、だれも行ったことないので、これ以上は説明できません。ごめんなさい〟

なんと。つまり、そんな場所へ招かれて行けるうえに、お金までもらえるのだから、これは貴重な体験というほかないではないか。〝秘境で四つ打ち〟。なんだか〝秘湯でドップリ〟みたいな響きで（？）ゾクゾクする。

今朝、ココパ名義で参加している、ツヨシのニュー・レーベル〝マッド・スキッパーズ〟のファースト・コンピレーションが届いた。一曲目のジョジョカの曲が超好みだったので、早速それをかけよーうっと楽しみにしてるんだけど、緑深き〝ボルネオ〟でロックでダーティーなエレクトロニカ、いったいどんな人々がフロアに？　どーなるんだろ？

ガーッ……　たたた夕楽しみ……

# 2005.05.06 05:53
## Drum'n Bass Night In Bali

バリで一番大きいクラブ、66のブッキング・マネージャーをしているジャスティン（イギリス人）からSMSが入る。

〝Tonight, Drum'n bass Night !!〟

最近、くる日もくる日も仕事、仕事&マミーで家に閉じこもって（家にオフィス&スタジオがあるので）いて、ちょっとお、ストレス・レベルが上昇気味かな？　って感じだったので、午前一時半に某所でのDJを終えてから（結局これも仕事だった！！！）、ギャロとケテュットにキッズを見ててもらい、ひとり66へ。

ハウスやトランスの夜ほど人はいないけど、それでもいるいる、コアラー（コアな踊り人）が！！！！　バリでD・Bで踊れるとは夢にも思わんかった！！

実はトランスに行くまえ、あたしはかなりのドラムン好きだったので、もうぶにゅぶにゅベースにぼこぼこにされるまま恍惚、激踊り三時間あまり。。ス〜〜〜ッキリ〜

〜！！！！　ジャスティンはじめ、バリのパーティー・クルーの知った顔も幾人か、ジム状態でエクササイズ in Dance floor !!

66の満員のときは、かなりの割合でいるフッカーちゃん（売春婦たち）やゲイカップルも今夜はほとんどいない。そりゃそーか。。だいたいが、160BPMとかなので、ナンパとかできる雰囲気では毛頭なく、ソーユーうざいことしてくるヤツもいず、皆、完全踊りにハマってて、それもいい。なんか、五つ星ホテルのマネージャー？　みたいな紳士が、シャツの胸はだけさして気が狂ったように踊ってたり。。。。

踊ってて思ったのは（ワイン一杯だけでよお！！）、やっぱり音楽&ダンスは、あたしの人生のベースで、プラーナ注入そのもので、歓びで、自分のセンターにアクセスする最高の鍵。これを享受できるかぎり、実生活でどんなに凹むことがあっても再生できる！！！！ってゆー確信！！　かな。

楽しかった！！

これからシャワーあびて、もう寝ます。キッズはあと二時間もしたら起きるのだー。。。。

## 2005.05.06 14:15

### 小包の歓び

デンマークの不思議エレクトロニカ・レーベルTender production (http://www. tender.nu) 店主のトビーより、最新EP届く。

もう三、四年もまえにコペンハーゲンに滞在したおり、遊びで録音したあたしの声をサンプル/カットアップ/コラージュしてつくった曲らしい。彼の作る曲は、なんつーか、〝へなちょこエレクトロ〟。すんごーく、ヘナチョコで、ぶにょぶにょしてて、サイケデリックとゆーよりも、シュール、とゆー言葉がぴったりくる。今回もそれは健在で、バリの今日もぶいぶい熱い日差しと緑が氾濫した庭を眺めつつ(しかも二日酔い)、聞くとかなりヘンな気分になってくる。。。なんてゆーか、庭に走りでていって、大きなレンズでもって色とりどりの昆虫君たちや、ストレンジな熱帯の植物をデッカーくして覗き、気のすむまで観察したい! ! ってゆーよーな衝動である。沸き起こるのがセクシーな衝動ではまったくないところがトビーの音らしい(それともこれって究極的にセクシー?:)。

この荷物にまつわるもうひとつの歓びは、当時あたしが彼の自宅に忘れていったテクノ雑誌〝Zavtone〟を三冊ばかし送ってくれたこと！！！

ザヴトーンは九十年代に存在していた幻／伝説（？）の雑誌だ。テキストはすべて日本語と英語両方で載せてあり、欧米にもファンは多かったと聞く。テクノ／レイヴ・カルチャーに深く根ざし、音楽／旅／パーティー・カルチャー／人類史における偉大な文明が残してくれた英知の数々（マヤ歴など）の紹介、ニューエイジ思想から宗教と科学の融合、ドラッグに関する科学的／体系的／人類史学的な見解および実験的なリポートまで、その扱うテーマの内容の濃さ、レンジの広さ深さ、ライター陣の充実ぶり、また全巻をとおして貫かれる素晴らしいグラフィックスのレベルと高品質なクオリティで、圧倒的な存在感と充実ぶりを誇っていた。残念なことに、そのクオリティの高さゆえのコストの高さが運営にひびき、二十一世紀の到来とともに惜しまれながら幕を閉じてしまった。

あたしは以前、この雑誌の最後の二冊に〝Geisha=Borg diary〟とゆーインチキSFを連載させていただいたことがあった。で、それを自分のウェブSupercozi. comのライティング活動のページに載せたいなあ、って思ってたのだけど、手元になく、バリでは探しようもなく、困ってたのね。そしたら、トビーが〝俺持ってるよ〟ってゆってくれて（忘れてったことを忘れてた）送ってくれたのだ。

うれしい！　あとはこれをタイピングすればいいだけ！

しかし、ほんとうにすごい雑誌であった。。今朝読み直してつくづく感心。最近、また読みたいなあ！って熱望していたテトラさんの文章も満喫したし、いやー、いい日だ！

でも、ザヴの最終号（たった二回の連載のうち、最後のやつ）はまだ手元にないので、なんとか探さねば。。。

## 2005.05.07 22:55
## Wired Haiku

キッズも寝しずまった時間からのお楽しみは、ネットで心ゆくまで世界のニュースをチェックすること。ロイター共同通信やＢＢＣもいいけれど、あたしを惹きつけてやまないのは何といってもWIRED NEWS。

メジャーな新聞などがなかなか扱わないような内容や、扱ってもたぶん小さな記事にかぎってだろうと思わせるそのコンテンツ群は、実にジャンル豊富で、時にユーモアがあり、へンテコ&面白おかし&ＳＦチックな世界中の現象に満ちみちている。下手をすると、メジャーな新聞を読んで感じるのよりも、よっぽどリアルな今現在のこの惑星の〝肌ざわり〟を感じることができるーと思うのはあたしだけ？

以下、印象に残った記事をカット・アップ。これはほとんど Wired Haiku

米フロリダ州在住の女性が、十年を経た「聖母マリア」の顔が浮き出たというグリル・チーズ・サンドイッチをオークション・サイトに出品／故人のデジタル映像を納めるオンライン霊園／実現間近？　犬のソーシャルネットワークサービス／米国の野生動物保護協会（ＷＣＳ）が、新種の猿の命名権をオンライン・オークションに出品、オンラインカジノが落札した。売上金は自然保護にあてられる／中国のハードウェアとインドのソフトウェアが組めば、世界のハイテク産業制覇？／インドネシアで新種のヒトの骨を発見⁇　身長は一メートル、考古学界は沸き立っている。発掘チームは、発見した人骨の標本に「ホビット」というニックネームをつけた。。。

うっとりである。

こーゆーニュース群を、たとえばヒマラヤのチベット僧（まあ中国はネット規制激しいから無理かもしれないけど。。）や、アフリカのスーフィーのマスターなんかが僧院なんかでチェックしてたら、どんなコトを思うのであろう。。などと想像はふくらみ、すごい時代だ！と無邪気に感動してしまう。

あたしが特に好きで徘徊するのはテクノロジーとカルチャーのページ。しかも、各記事に関する関連記事も充実していて、掘り下げ／現象のシッポを追跡するままにどこまでもズブズブと果てしなく、時間があっとゆー間にたってしまう。

そーういえば、グーグルマップで、衛星がとらえたバーニング・マンの会場が見られる、とゆーことを知ったのもここであった。

かなり知名度の高いサイトで、何を今さらだとは思うんだけど、まだ未体験のかたはhttp://hotwired.goo.ne.jpまで。

じゃ〜〜〜ね！

**2005.05.08 22:56**

**デッド・ムーン**

夜、突然ドアベルが鳴ったので、出ると土地オーナーのワヤンの家族の女性。サロンを巻いた半正装で、オフリンの入った籠《かご》を片手で器用にかかげてニコニコ笑いながら立っている。どうやら、我が家に二つある祠《ほこら》といおうか、精霊をまつるテンプルにお供えにきたらしい。ほどなくしてケテュットちゃんもシャワーをあびてぴしっと髪を撫でつけ、サロンにサッシュをきゅっと巻いてオフリンをしに庭に出ていく。インセンスがほのかにあたりに匂う。

〝今日はなんの日なの？〟と尋ねると、

〝デッド・ムーン〟だという。

そのあとで、ニュームーン（新月）のことだとわかったが、彼女たちが新月を呼ぶ言葉を直訳すると、Dead Moonになるらしい。

死んだ月。。。なんて素敵な響きだろう、あたしは感心した。

と、いうことは、月が欠けきったところで、その月はいったん死に、細く薄くその姿を再び夜空へと現したところから、今いちど〝再生〟がはじまるというわけだ。そしてゆっくりと満ちきったところで再び死をめぐるターニングポイントに向かう。。。延々と。。何十億、何兆回もの死と再生。。。。

セックスのときのオルガスムスを〝小さな死〟と呼んだのはフランス人だったが、月にまつわるこんな死もいい。

スタジオの窓に貼りついているゲッコー（ヤモリ）の白い腹とシッポ、顎《あご》がこれを書いている目のまえに見える。

死んだフリしてるのかしらん。。。

## 2005.05.11 00:29
## DUBでワインな夜

某所サンセットにて、なんか目のまえに立った日焼けした女性の顔に見覚えが。向こうもそう思ったらしく、五秒もまじまじみつめあう。。。。

話してわかった！一九九九年のバーニング・マンでキャンプが一緒だったカナダ人のジュリアだった！

ヒデヨにあたしにスパイディーやザンビア日食のオーガナイザー、シェークスピアなど、三十人ほどの多国籍キャンプに、ヴェロニカとともに参加してた彼女とのびっくり再会。四年まえからブラジルに住んでいるといい、最近とんと会ってないジェームス（モンロー。元フライング・ライノ・レコード主宰。現在ブラジル在住）なんかの近況を聞く。そのまえは十二年バリ住まいだったんだって。早速話しこみ、さらにそのまま我が家へと一緒に帰り、ワインを飲む。現在、彼女はブラジルで、とある合法幻覚誘発物質のセッションに関する仕事を手伝っているという。話はとまらない。

ちょうどギャロがスタジオで、ゼンレモのDUBアルバムのなかの一曲を加工中だったので、飛び入りで彼女に唄ってもらう。

ヘッドフォン装着し、マイクのまえにたつジュリア。

曲スタート。

〝アヤワスカ〜〜〜〜〜〜〜♪〟

いきなり飛びだしてきたコトバがこれ。うわーい@@

ブラジルいきたくなったじょ〜〜〜〜！！

（注：アヤワスカとはアマゾン川流域の熱帯雨林の蔦《つた》植物から作られる幻覚誘発物質。それを作り出す技法は、先住民たちによって代々受け継がれてきた。彼らはアヤワスカを飲んで

精霊と交信し、病気を治療したり、未来の出来事を予知するという。ＬＳＤの数百倍の効き目をもつ）

## 2005.05.12 00:29
## RED BUDDHA, BLUE MIROKU

リビングルームのソファーの上で、さっきからギャロとシェーンが延々と宗教について激論を交わしている。

上半身裸のでっぱったオナカにサロンを巻きつけただけの姿に、白髪まじりのもじゃもじゃ頭、ちょこんと鼻眼鏡をかけたシェーンは、二軒となりの竹作りの家にひとりで住んでいるアーティストだ。年はたぶん六十歳すぎ。

バリにもっとも古くから住み着いているオリジナル・エキスパのひとりであり、そのエキセントリックなキャラクターで名を知られ、皆に愛されている不思議な人だ。

セミニャックに越してからしばらく、近所でよく見かけるこの男性が、いったい何をしている人なのかあたしには皆目謎だった。

仲良しのシングルマザー、ミケーラの四歳の息子、ジェットソンの父親がシェーンだということを、それからしばらくして知り、そのあと彼がミュージシャンであり、また画家であるということも知った。

また、彼にまつわるいろんなエピソードも聞いた。

近所にある友人のスタジオのソファーで煙草を指にはさんだまま寝てしまい、あやうくスタジオを火事にしそうになったのに、揺り起こされて目がさめた彼は、

〝あ〜〜、目覚めには一本。。〟と別の一本に何のてらいもなく火をつけ、それを見ていた皆がブットンだ、とか、どれも吹きだしてしまうような話だった。

そういってるこないだも、あたしが深夜にＤＪから帰ってきたら、庭で何かからもくもくと白い煙が立ち昇っていて仰天したことがある。それはナント、〝ついうっかり〟我が家のソファーで寝てしまったシェーンの、指にはさんだままだった煙草でクッションが燃えだし、隣りにいたギャロがビックリしてそれを持ち庭に走り出て水をかけたものが、ふたりがスタジオにこもってから再発火した。。という顛末であった。ふたりはスタジオであれやこれやと一緒に音楽を聞くのが大好きなのだ。

そのときスタジオにいたシェーンは、〝あっ〜〜、ごめんね〟というだけ。あまり悪びれ

てもいない。。あたしたちも、〃シェーンだからなあ。。〃といって終わらせてしまう。

そんな、〃浮きヨばなれした〃、お年を召した座敷童子《わらし》のような、不思議な人。

そんなシェーンが何年も、何年も、十年以上もただひたすら、ブッダの顔の絵ばかり描いてきた、ということを知ったのは最近だった。

しばらくまえから、オベロイ・ホテルという、老舗のラグジュリー・ホテルでシェーンの個展が開かれていて、たまたま目にしたパンフレットに書いてあった文を読んだのだ。その個展は半永久的に、シェーンが絵を書き続けるかぎり、その世界にも名の知られた趣き深いホテルの片隅で、続いていくらしい。

そのパンフレットに載っていた彼の絵は、子宮のようなどす黒い赤のなかに浮かんだブッダや、蒼い弥勒《みろく》のような顔、顔、顔。。

同じような絵を、何十回も、何百回も、ずう〜〜〜っと繰り返し描いてきたらしい。

いつもお金がない、と皆に認知されているシェーンが、そんなに長く絵を描いてきた人生のなかで初めて、一枚四千ドルもの値段で購入してくれた人がいた、とうれしそうに報告してくれた午後があった。

そのあと、またひょっこり彼がスタジオを訪ねてきた日があって、どうしたの？　って聞いたら、なんでも、とある別のホテルから、巨大な石のレリーフを彫る仕事を依頼されて、それがとてもエキサイティングで、ギャロに報告にきたのだといった。

〝三階建ての家よりも大きな、デカイ作品になるんだ！！　いっぱい、アシスタントを雇わなっくチャア。それからギャラが入ったらコレもしたいし、アレもしたい。。。〟って子供みたいに話すシェーンはすごくかわいくて（ごめん）、なんだかこっちまでじ〜〜んときちゃった。

今、帰る挨拶にきた彼に、〝今度アトリエ遊びにいくね〟っていったら、

〝全部、絵は売れてしまったから、見れないよ。全部、行ってしまった。また、描かなくっちゃあ。。描き続けないと。働かなくちゃ。。〟

とため息をつくから、それはおめでとう、よかったんではないの？　っていったら、どうにも複雑そうな顔で出ていった。。。

自分が創作するかぎり、半永久的に開かれている個展。。芸術家にとってある意味夢のような状況だと思うのはあたしの身勝手な思いこみで、今の彼はなんだか〝速く、もっともっと、急いで！〟ってせかされているように感じているのかしら？　本人にしかわからないことだ。

〝知ってた？　シェーンはベトナム戦争時、慰安で基地をまわるロックバンドのメンバーとしてベトナムにいたんだってさ！〟

シェーンが帰ったあと、興奮ぎみにいうギャロ。

ギャロは、ベトナム戦争および、あの状況下でいったいどんな判断ミス／偽り／さらなる愚かな決断および陰謀が当事者たちのあいだで行われていたかに関することが書かれている本のコレクターだ。〝現場〟にいたというシェーンの体験談は彼の琴線に触れたらしい。

あたしの英語力は残念ながら彼らの会話を全部理解できるほどのレベルではないのでひとりこれを書いてたわけだけど、シェーンのベトナムでのエピソード、今度またゆっくり聞かせてもらおう。。

**2005.05.13 17:49**

**ベースぶいん強化週間**

今日、友人ニック・テイラーが無事バイロン・ベイより我が家に到着。さっそくスタジオであたしのアルバムを聞いたりする。気に入ってくれたようでうれしい。

彼に会うのはななななんと一年七カ月ぶり。

来週はこれに黒船様ことツヨpと、またもやケント（JET MORE）が加わり（来航し）、我が家はプディング（彼らの愛称）邸と化すのだ。

実をいうと、一九九九年暮れにひとりでDJしながらオーストラリアを旅していたとき、メルボルンでは奴らと一緒だった。で、クリスマスの日に皆に連れていかれたのがギャロの弟、アンドリューの家でのホームパーティーで、そこであたしは今の旦那と出逢った。それからしばらくしてあたしたちは恋に落ちてしまい、あたしは当時すでに夫がいたのに、そのまま渡英してしまった。そして妊娠／離婚／出産／再婚。という経緯があったので、あたしたちはよく冗談で〝アシャンティはプディング・ボーイズの責任だ〟とかいっていた。そのメンツ全員がこうやってそろうのはとても久しぶり。しかも、ヨーロッパ時代にくらべて精神的／物質的にも余裕のある状態で彼らを迎えることのできるあたしたちをみるのは、やはり友として、彼らにとってもうれしいことのよう。

もちろん、その後もいろいろな場所でひとりずつとか、ふたりとかは顔を合わせていたけれど、二人の子供こみで彼ら全員に会うのはこれが初めて。

〝信じられる？　こうやって全員そろうのは五年以上ぶりなんだぜ！　嘘みたいだ！〟とケントも繰り返し顔をほころばせながらいう。

なぜこのタイミングで彼ら全員がここにいるかというと、来週十八日にこちらで仲良し友のエンゲージ・パーティーがあり、そこでプディング・ボーイそろってプレイするためだ。プラス、十九日夜にKudetaで黒船VSニックのエレクトロニカ・セッション、二十日にニックさん66、二十一日に同じく66で黒船怒濤のトランス・セット（すでにクタあたりはポスターだらけ）で、かなり濃ゆい週になりそう（注：これのいくつかはあとで変更になった）。三日ほどまえ、クーのサンセットに行ったら、〝ここはレインボー・サーペントか？〟てゆーくらい派手な人がいっぱいいてうれしくなった。さらにもっとオーストラリアからパーティー・ピープルがこの週に照準合わせてこの島にくるらしい。。。

皆かなり楽しみにしてて、バリにもやっと〝はじけパーティー・シーン〟が？？？　って感じです。

今夜は、ドリームランドという美しい白砂ビーチのそばにある、ラ・ジョーヤというヴィラであたし、ニックさん、オーストラリアからワザワザ来たスペクトラム。。みたいなメンツでパーティーです。前回はその場所で黒船殿がまわして四百五十人ほどが恍惚と踊り狂ったんだけど、今夜はどうなるかな？　ニックのファンキーでダンディーなスタイルはあたしはもう大好き！　プラス、久しぶりに聞く！　ので楽しみです。。。

じゃあね〜〜〜！

## 2005.05.16 22:54
## Another Ordinary Day

朝からバリ島内ディストリビューションに関しての打ち合わせ。メールで残りのインドネシア領域に関しての内容詰める。

昼ごろ、白蟻退治の会社の人が家の状態を調査しにくる。我が家は木の部分が多く、ここ最近かなりアリ君たちの猛攻激しく、朽ちてきた部分がたくさん。。

ペンライトをあてて、柱、壁、床下などをどんどん調べてはケテュットちゃんとイルに何やら説明する青年。それにぺらぺらと答えるふたり、意味もわからないのに、その後ろでフムフムとうなづくギャロとあたし。

〃この家はもう病院にいかないとダメだよ〜〜〜〃とケテュットちゃん。

隣りでウンウンとうなずくイル。

思わず笑ってしまった。。来週あたりに、家全体に注射をすることになった。

エマ（一歳四カ月）は最近すっかりちっちゃなレディー。ミニのドレスを着て、あたしのケータイをミミに押し当てて〃アロー?　アロー?〃と叫んでいる。カアいい。あと、ただ今、彼女が魅了されているものは、他に靴、ハンドバッグ。。。など。あたしがまったくそのヘンに執着ないのに。。ギャロは先が思いやられると笑っている。あと、すっごいパパッ子である。ギャロに抱っこされると、コアラのように貼りついたまま離れない。あたしやケテュットちゃんが引き離そうとすると、〃ノウ〜〜〜ッッッッ!!!〃と拒否。ギャロかなり自慢げ。たぶん、立派なファザコンになる。。ような気がする。彼女が成長したあかつきには、ぜひセルジュ&シャルロット・ゲーンズブル親子のやった妖しいデュエットをテクノバージョンでカバーしてもらいたい。

ギャロとニックはスタジオでファンキーなトラックを製作中。明日は早起きしてニックをウブドに案内する予定。またシルヴィスんちに行こうかな。今バリにいるかな。

あたしの家族のときといい、最近頻繁に現地ガイドとなっている。でも、バリだからこそ、そーゆーおもてなしができるわけで、そのことに感謝&エンジョイ。といっても、あたしの母はあたしが二十五歳のときに子宮がんで死んでしまったから、親孝行はもうできない。思春期のときはひどい喧嘩ばかりして、激しい言葉で彼女を傷つけたし、東京に出てからは自分の夢に振り回され、彼女が病んでからもロクにそばにいない薄情な娘だった。死に際もみとれなかったロクでなしの娘が、彼女にとってははじめての孫を見せてあげられなかったことをこんなにも悔しく思っていることをあの世で知ったら、彼女はなんというだろうか。

きのうボルネオから帰ってきたギャロによると、現地ではボルネオ・ヒップホップ・キッズがフロアに散ってくるんきゅるん。。。ちゅー状態だったそうです。なんだ。。てっきり水木しげるの妖怪がひしめいているかと期待してたのに。。あ、それとも進化した妖怪君たちだったのかも。。。

金曜のヴィラ・ラ・ジョーヤでのパーティーは楽しかった！　三百人くらいだったかな。一晩中、ファンキー／ロックな音楽で、新鮮なヴァイブだったし、トランス／バリ・パーティー・クルーが朝、そーゆー音楽でもってスーパー・ハッピーに踊っているのを見あって、お互いアガってしまった。。。

と、思っていたら、きのうクーで会った現在ジャカルタ在住でパーティーもオーガナイズしているイタリア人の男性が、〝ジャカルタのまえはイビザに十年住んでたんだけど、バリは、昔のイビザと似たよーなヴァイブを感じる〟のだといってた。

へー。そーなんだ。。　ん〜〜〜〜、もっともっと！！！


あした黒船来航。あと、もとコックス・ボックス（現サイコポッド）のイアンがガールフレンドと彼らのベイビー・ガール、愛娘ハヴァナ・シータと三人でバリへ来ることにもなっている。かなりまえからバリをぜひ訪れたい、といっていたイアンと、彼の新しい娘に逢うのがとても楽しみ。

今夜これから某所でＤＪ。すでに四日連チャン。あさってから怒濤のパーティーづくし。。

エクササイズ。。。。

ぶいんぶいん。。

また一日が楽しく終わりました。

宇宙、ありがとう。

**2005.05.18 11:14**

**絞れ**

IF LIFE GIVES YOU A LEMON, MAKE LEMONADE !!!!

幸福になるための極意がここにはみごとに凝縮されていると思う。

人生、絞ったもの勝ちだ。

別に負けても全然かまわんが。

ぎゅい〜〜〜〜〜〜〜〜〜〜〜〜〜〜っ♪♪♪

# 2005.05.21 12:53
## mates

今日はやっと土曜日。でももう何日も前から週末だったような気がするな〜〜〜〜。

Pixie&Teruki君のエンゲージ・パーティーは無事終了。美しいトロピカル・ガーデンの庭にＶＪスクリーンや仮設バーなどをセットしたパーティーは、オーストラリアやあちこちから参加した友も多く、終始、実にハッピーなムード。OMEDETO!!

この朝バリに到着したイアンを連れていったんだけど、

〝この会場にいる人たちのうち、八〇％は昔からの知り合いだよ！　十五年くらい会ってなかった奴にもひさびさに会った！　ミンナどこに隠れていたのかがやっとわかった！　ミンナしてバリに隠れてたんだな！！〟とうれしそう。よかった2。

あたし、ギャロ、スペクトラム、黒船ことツヨp、ニック、ケントと引き継いでプレイ。ロックなエレクトロで皆狂ったように踊る。

この夜ＶＪをやったKazoo君というアーティストの映像がとても面白く、あたしはそれをかなりハマって見てしまった。バリでこういう東京の匂いが濃ゆく出ている映像を楽しむ機会はまれだ。そのテイストと熱帯の庭という環境のマッチングもよかった。

翌日、イアン一家はバリ北部へと旅立つ。我が家には九日ほど後に戻ってくる。勉強熱心なヒンドゥー教徒であるイアンが初めて訪れた、独自のヒンドゥー文化を持つこの島に、どんな印象を持つのか興味深い。

今日、ケントが東京へ帰る。今月いっぱいで東京/西麻布のマンションを引き払い、オーストラリアへ帰ることにしたという。バイロン・ベイで新しく出直すのだそうだ。あのマンション、とうとうなくなるのか。。とちょっとオセンチになる。そのむか〜〜し、そこにあたしが元パートナーと住んでいて、そこに奴が転がり込んできて、そのあと日本を出たあたしのあとを継いで奴が五年間住んでいた、お互いに想い出深い場所。そこで繰り広げられたさまざまなドラマや、妙なる交流の残照。。。

彼の次なるチャプターがヨロコビにみちたものになりますように。

ニックとケントはきのうパパラッチでスピンしたので、まだ寝ている。黒船は、この二人に我が家のゲストルームを譲り、今回はホテル・ステイにしてくれた。今夜は彼の66パーティー。

久しぶりに全員顔をそろえて楽しんだパーティー・ファミリータイム。お互いの浮き沈み／くねくね道ヒストリーを知っている友人たちと、しばらく時間を経て会うのはまた格別に味わい深い。

とくに、今こうして、そういう友人たちを居心地のいい家でもてなすことができて、束の間にせよリラックスした時間を共有できること。。

タイミングというものは、実によく計られている。

# 2005.05.24 23:13

## 強化週間終了

十八日から続いてきたベース強化週間も、本日の黒船ことツヨp&ニックの離島をもって一段落。。いや～濃かった&楽しかった&よく遊んだ。島のパーティー・ピープルは皆、心なしかお疲れのようす。。でも、〝バリのパーティー・シーンがやっと新しいチャプターに突入しつつある〟っていうのは、やはり皆が同時に感じてたみたいで、寄ればその話。ゴアから来てここに十五年も住んでいる、筋金いりのブーツですら、先週以来の催しには欠かさず顔を出し、満喫していたもよう。

土曜日の黒船66もすごかった。インドネシアのTVは来るわ、朝の6時にまだぎっしり人がいて踊り狂っている。。ってゆーのはちょっと普通ではあり得ない光景だった。だいたい、エントランス七万ルピア（約九百円弱）っていうのは、こちらのローカルの人たちの平均日収の三日分です。三日間、一生懸命働いて稼いだお金を全部使ってでも、彼の音で踊りたい、っていうのは、すごいと思ったのね。若いローカルの男たちが爆発したよーに踊っているのも、そうさせるモチベーションがあったから。。。

とゆーわけで、それに混じって踊るあたしもアガッタです。

きのうはウブドへ、黒船、ミアちゃん、カズ君、リンちゃんを案内。再びシルヴィスの家へいき、楽しかったです。

あしたから仕事モードに復帰、これから某所でＤＪ。。。行ってきま～す！

## 2005.05.26 18:13
## アルバムのリリースは八月十日

あたしのレーベル、〝Hypo=espresso Record〟第一弾となる、これまた自分のアルバムの、日本国内での発売日が決まりました。八月十日です。日本領域のディストリビューションはトンボ屋（ドラゴンフライ・レコード）時代から縁の深いワキョー（倭響）さんです。すでに、いろいろプロモに関しての電話ミーティングがあったりと、ワクワクする展開になってきました。。。。

レーベルを立ち上げた第一の理由は、〝そのほうが、誰かのシステムに属してやっていくより面白そうだし、世界中にさらに知り合い／遊べる砂場が増えて楽しいんじゃないか！〟とゆー、まことに安易な（?）理由だったので、すでにこの段階でかなり盛り上がっています。。。きのう、ジャカルタのマニュファクチャリング担当者に音／ジャケのデーターも渡したし。。。イエー！

とかいって、ここはインドネシア。何があるかわからないので、できあがったCDを無事発送するまで引き続きスリル満点です。。。 とりあえず、チョモランマ五合目あたりのビバーク地点までは到達。体力を蓄え、山頂アタックです。って、何合目まであるんじゃい？

今日はイアン一家がバリ北部より我が家に戻ってきます。なのにあたしは明日から、ジャカルタ二連チャン。。。

話に聞くと、かなりダーティーなベニューらしい。。。

かなりぐるんぐるんで？.？.？　でフッカーちゃん盛りだくさん！　の、濃ゆ～～～い、わけわからんハコらしいです。。

リポートまっててね～～～～～～@@@

## 2005.05.31 00:01

## スタジアムへ

きのうの午後、ジャカルタから帰ってきた。

ジャカルタ三度目の今回は、金曜にRetro、土曜日にBC Barというヴェニューでの二連チャン。かなりイケてないベニューだという事前の情報はガセネタで（とゆーか、ベニューが変更になったのを、当日までプロモーターが教えてくれなかった）、両方ともまあまあいい感じのクラブでした。特にRetroのほうはキャプかぶったジャカルタ・ボーイズが多く、あたしのかけるロックなエレクトロも気にいってくれたようで、けっこう盛り上がり、楽しかった。一番盛り上がったときなんざ、フツーの（ボタンダウンのシャツの裾がおもいっきりパンツのなかに入ってるファッション）男の子たちが、幅四〇センチほどしかないＤＪブースのすぐ目のまえのスペースにずらりと並んで踊りはじめ（つまりお立ち台）、そのなかのひとりが思いきり水の入ったグラスを倒し、ミキサーとターンテーブルが水びたし。。。おかげでブースモニターがファックト・アップ。。という一幕も。それにしても女の子は、なんつーか、〝叶姉妹〟みたいなヘアと厚化粧タイプのが圧倒的に多い。。。なんでだろ。。

そして、土曜日のギグが終わってから、プロモーターのリザとアシスタントのイルミンに連れられて、行ってまいりました悪名高きスタジアム！！！〝アジアで一番スリルあるクラブ〟としてどこぞの雑誌などでも取り上げられたという、モンスタークラブ。毎週末、金曜日の夜にオープンし、月曜日の午後までノンストップで五千人以上もの人間が暗黒のなか徘徊するという場所で、常連は、これを〝スタジアム出勤〟と呼ぶのだという。つまり今夜はあたしの〝初出勤！！〟四階建てのその建物のなかには、三つ（だっけかな？）のダンス・フロアと、バー、お腹がへった人のための（でもたくさんの人々は二日でも何にも食わず眠らずで踊り倒すと聞いた）レストラン、マッサージ・コーナーまである。

エントランスに近い近所一帯は、屋台の飯屋だのなんだのでごちゃごちゃし、ごったがえすバイクにゴミだらけの路地、かなりもうすでに〝荒れてる〟感じプンプン。なんか映画〝アキラ〟のシーンにでも出てきそう。。。リザは、そのすんごく爽やかで好青年風なフツーの容貌からは以外なほど、ジャカルタのクラブシーンに精通しているもよう。DJ歴にプロモーター歴も長いので知り合いも多く、ここも顔パスで入る（金曜のギグ後に連れていってもらった別のクラブEmbassyでもそうだった）。入ってから彼が耳元で囁《ささや》いた。

〝コージー、ここはね、マフィアも多いし、クリミナルもうじゃうじゃいるけど、俺たちと一緒にいれば問題ないから、くれぐれも離れないよーにね。ま、俺もマフィアだから万が一何かあっても大丈夫だけどサッ！　あ、コレは冗談ね。はっはっは〟

hmmm....

まず三階のフロアのＤＪブースにいき、ＤＪたちに紹介してもらう。この階はなんとなくマニアックラブを彷彿とさせる。かかっている音はプログレッシブとミニマルテクノのミックス。どのＤＪもミックスがすごーくうまくて、まだまだミックスがラフなあたしは〝わあ〜〟と感心して見入ってしまう。皆すごくフレンドリー。が、この時点ですでに朝の五時半。午後一時の飛行機でバリに帰らねばならないので、そのまえにホテルで仮眠もとりたいし。。。と、メインのフロアである四階へ行くことにする。エレベーターに乗りこむ寸前、凄まじく邪悪な目つきをした四十がらみの男と一瞬目が合う。たったの一瞬他人と目があっただけで、あんなに鳥肌がたつような思いをしたのは生まれてから初めてかも。文字どおり〝ゾッ〟とした。。アレ何だったんだろ。。〝鉄コン筋クリート〟に出てくる一番イーヴルなキャラをそのまま実在の人間にしたよーな。。。あんなのがもしいっぱいいるのだとしたら、アー確かにここはヤバいわ。。。そんな感じ。

スタジアムのメイン・ダンスフロア。ジャカルタの臓物。ありとあらゆる気、消化未消化ごちゃまぜの欲、幸運不運、行き場のないエナジーがミンチひき肉状態になって暗黒のなかうごめいている。とにかく暗い。だだっ広い。たぶん今このフロアだけで三千人はいると思う。六本木のイズントイィット（まだあるのかなあ）っていうバーのデコにちょっと似てる。頭上に突き出たバルコニーで、妖しげなアール・ヌーヴォー調の真鍮の柵をわしづかみにして踊り狂ってる女たち。エイリアンの卵みたいなランプがぼんやりとオレンジの微光を放ってる。ダンスフロアの左右はさらに真っ暗で、回廊状態になった奥にひしめいている人たちがどれくらいいるのか、男か女なのかもハッキリ見えない。目をこらすと、それでもちらほら西洋人がいるのが見えるが、皆一様《いちよう》に放心しきったような顔をしている。ツーリストか、それともこの大都市に来たまま〝沈没〟してしまった数知れない西洋人の一人か。レーザーの緑の光線がビートにうねるひき肉の上を切り裂いて飛び、はるか頭上、何かの機材らしきずらりと並んだ機械の緑の小さな灯りが点滅しているのが見える。

リザはあたしの手をひっぱって人をかきわけ、この阿鼻叫喚《あびきょうかん》の中枢部であるＤＪブースへとまっすぐ向かう。あたしはイルミンの手をひっつかんでリザのあとに続くが、彼女は大きなあくびを何度もしながら退屈しきっている。反復するプログレッシブのベース。。。

ＤＪブースの手前の壁沿いに床に重なり倒れるようにして寝ているカップルが何組もいる。大きく口をあけて、寝ている男の子。

ＤＪブースのなか、後ろの壁沿いにおかれた長いテーブルの上にずらりと座って下を向いたまま頭を一心不乱に左右に振っている男女。そのうちの何人かをリザが紹介してくれる。

〝アタシ、ニホンゴベンキョーしたね。アナタノナマエハ？　アタシハアユ〟

そういってにっこり微笑んだ女の子は、色が抜けるように白くて、とても若く、可憐な顔立ちにまるでお茶会か何かに出かけるような白い品のいいサマードレスを着てハイヒールを履いている。ひとめでウェルシーなバックグラウンドを持っていることがわかる。

ここでこんなたおやかな少女に会うというのも妙なものだ。映画のワンシーンにでも出てきそう。うさぎの穴にでも連れていってくれるのだろうか。。。というよりすでにここが穴のなかか。。。

時計を見ると、すでに七時近い。今夜三杯きっかり飲んだウオッカ・トニックの酔いも眠気へと変異して、疲れもかなり極限に。眠気に負けまいと素晴らしいサウンド・システムから球体状になって行進してくるキックとベースに神経を集中させているうちに、いつのまにかあたしもアユの隣りに座って、うなだれたまま彼女たちと同じく頭を左右に一心不乱に降り続ける人間の仲間入り。

ドスドスドス、ぶいんぶい〜ん、ドスドスドッドッ、ぶい〜んぶい〜ん。

ミーギ、ひだり、み〜ぎ、ひだり、ミーギ○○○○○
アタマのスミを、バリの我が家に残してきた息子と娘の顔がよぎる○○
罪悪感はないけれど、なんてゆーのか、自分にあきれる。

午後一時発の飛行機には間に合った。ニッコー・ホテルでとった三時間の仮眠が効を奏して気分は爽快。ソレより何よりやっとマイホームへ、バリへ帰れることがうれしい。今回は二つのギグ、プラス合間にこちらであたしのレーベルのCDのマニュファクチャリング・コントロールおよびディストリビューションをやってくれる人とのミーティングをやったりのいわゆる〝ビジネストリップ〟。遊びにきたわけではないので、別に恥じ入ることは何もないのだが、それでも二泊三日ものあいだ家族と離ればなれになるのは精神的にカナリきつい。この三日というのが限界であろう。ゆうべも、ホテルの部屋から電話をかけてケテュットちゃんやギャロと話して、最後に息子アシャンティ（四歳）にかわってもらい〝I LOVE YOU〟といったら〝あいらぶゆーてゅうー〟といわれて一瞬泣きそうになった。我が家自体が異国にあり、そこからまたさらに家族を置いてひとり別の場所に行く○○というのは何ともいえない頼りなさを抱かせる。留守中に政情不安でも起こって、家族が別々に国外退去にでもなったら。。というのはおおげさだけれど、映画〝太陽の帝国（J・G・バラード原作／スピルバーグ監督）〟みたいなことだってまったく起こらないわけじゃないもんなあ。。というのはけっこうよく考える。出張はやって二カ月に一回でいいや。。

テイクオフ待ちのあいだ、初日にSOGOデパートの地下にあるセレクト・ブックショップで買った、〝Product design〟という写真集に見入る。小さいので機内にも持ちこみやすいが、七〇四ページもあって見応えは抜群。すべてのページに興奮してしまう。これはいわゆる、〝モノ〟のデザイン写真集なんだけど、どれもこれも素晴らしくフューチャリスティックでかつ六十年代フレイヴァもあったり、スペースエイジしてたりで飽きない。ページをめくるうちに、曲のアイデアが沸いてきて、このままスタジオにワープしてマックのスイッチをいれ、ロジックを立ち上げてすぐさま作曲およびプログラミングを始めたいという衝動にかられる。一冊の本からここまで音のインスピレーション受けた記憶はあまりない。赤いソファのフォルムや、UFOのような浴室用蛇口や、宇宙カプセルのようなシャワーボックスなどを眺めているうちに、ある一定のシンセの音波やパッドの音色、コード、ベースラインなんかがうっすら脳の奥深くからエコーめいて聞こえてくる。。。。恍惚。。。

とうっとりしていてフと目をあげたら、機体はすでにジャカルタの大地を離れ、ちょうど雲の上に出たところだった。

あまりにその雲海が晴れ晴れとして美しいので驚愕した。

今までの体験からいうと、いつだって美しいのは、トウキョウやイギリスなど、そのとき住んでいた場所を離れてどこかに〝エスケープ〟しにいくとき見る雲海だった。

まるで、初めて読む本の最初の一ページ目を開いたときのような、何を描いてもいいまっさらな画用紙をまえにしたときのような、新鮮さと興奮があった。

でも、家への帰路で見た雲海が歓びとともにこんなにも美しく見えたのは初めてだった。

もしも窓のそとから宇宙人があたしの顔を見ていたら、いったいどうしてあんなに満面に笑みを浮かべているのか不思議に思ったことだろう。

たった三日ぶりのバリ！　なのにタラップから降り立った瞬間にすでに空気中に嗅ぐことのできる、ジャカルタとは明らかに異なるおおらかで楽観的なハピネスさ。あー、あたしはやっぱりこの島が大好きだあ！！　と叫びたくなる。

タクシーで一路家へ。家に荷物を置き、あたしの帰りを待っていてくれたケテュットちゃんと娘エマとともにそのままクーデターへ。イアン（サイコポッド）が今日クーでサンセットのDJをやっているのだ。ギャロはアシャンティと、イアンの妻・モニカ&娘ハヴァナと先に向かったという。

いたいた。。。早速よく冷えた白ワインを注文し、おつかれ&ただいまの乾杯。ギャロは今回、あたしの留守中とてもよくキッズの面倒を見てくれたので（もちろんケテュットちゃんとイルの強力サポートあってこそだけど）、I'm so proud of him. 惚れ直した。

夕暮れには人でごったがえし、イアン一家のバリ最後の午後／夜を皆で満喫。

。。。先ほど、イアン一家はデンマークへの帰路につきました。

しばらく、滞在ゲストのない、家族水入らずの時間。。。。

っつっても、やること山積みなんだけど。。。

とりあえず、ひさびさに長～～～～い日記かくの満喫しました。

またね～～～～～～@@@@@

## 2005.06.04 04:05

### 1 More Step

アルバム〝Luxury Addict〟のヨーロッパ領域のディストリビューターがCosmophilliaに決定しました。コスモを切り盛りしているYanivから今朝メールが届いてて、〝Very cool sound and have good potential〟だって。

ヨーロッパでの発売は日本と同じ八月十日です。

これで今のところリリースが決定しているのは、EU、オーストラリア、日本、インドネシア。他にも数カ国がただ今交渉中。。。

さてさてやることもりだくさん、でもまだ時間あるし。。と思ってたら、え?.?.?. もう六月の半ばに足突っこんでる?.?.?.

ひょえ〜〜〜〜〜〜〜〜〜〜〜〜〜〜〜〜@@@@@@

ぐるぐるになっちゃったのでもう寝ます。。。。

(そこで寝てる場合か!!!!)

## 2005.06.05 12:52
## For Your Eyes Only

先おととい、二日木曜日は、ジンバランにあるリッツ・カールトン・ホテルで開かれたボンド（ジェームス・ボンド）・パーティーでＤＪ。ここの新しくできたバー／レストランが物すごいことになっている。建物をたとえるならば、映画〝ダイノトピア〟にでてくる幻の古代文明の都市のよう。水と人工物で構築された祭儀場のような人工のユートピア。

最も高台に位置する巨大な星形のレストラン（しかも屋根からはびっしり色とりどりのブーゲンビリアが垂れ下がっている）を起点として、段々状になったライス・テラスならぬ〝プール〟が裾広がりになってどこまでも広がっていき、その合間は木のデッキにデイ・ベッド、水の上に浮かんだバーにバリの湾を見晴らす高台の上にはダンス・フロア＆ベッドとクッションいっぱいのチルエリア。。。とまさに桃源郷。

ここに夜ともなればキャンドルが何百と灯されて、毎回これを見るたび〝あ〜〜〜ここでアノヨのパーティーがあったなら！！！〟と夢見てしまうあたしである。

さて。この〝ニルヴァーナ〟のようなベニューで007パーティー。東京とかだったら〝今さらなあ〟と感じてしまうようなボンド、という使い古されたテーマも、ベニューの非日常度と集まった客層とで、安っぽくならずにかなりいい感じの雰囲気が出てた。高台の突端、湾を見下ろすバリ風のあずま屋が即席のDJブースになり、横にはスクリーンで当然〝ショーン・コネリーの007〟上映。あたしは黒いつなぎに羽巻いて、銀のスパンコールびっしりの帽子、と昔イエローあたりに遊びにいくときに着ていた衣装を着用。なんでバリに住んでるのにそんな衣装もってるのかって？　それはですね、二年まえに、うちの父親に実家にある荷物を送ってほしいと頼んだとき、間違ってあたしの古い〝衣装かばん〟を送ってきたんですね。そのころはウブド在住で、〝どーすんだよコレ。。〟と思っていたのが、最近になってなんと役にたつこと。宇宙はあなどれません、ホントに。。。

それを着用して家を出るとき、娘（一歳五カ月）があたしを一目見て目を丸くし、よだれ垂らして口をぽかんとあけてました。誰だかわからなかったもよう。アシャンティ（四歳）は一目見るなり目を輝かせ、

〝パーリー？　I wanna come〟

だって。先が思いやられるよ〜〜〜。

客は招待のみの三五〇人。なのだが、これがある意味濃い濃い。。。。いろんなホテルのGMから、ヨーロッパのとある国の総領事、名誉領事などのdiplomats（外交官）、イギリス貴族に実業家。。なんかが　マジでボンド入ったタキシードに葉巻でびしっっと、レディーは皆イブニング・ドレスで参上。かと思えば、いつものトランス・パーティー常連組（なかにはそれが起業家を兼ねてたりもする）もいるし、アン・マリーや仲良しのYAKマガジンの編集部の人たちなんかの友だちもたくさんいたり。。とすんごいチャンプルー。全体的なムードはすごく大人のデカダンス。ここに書けないファンキーな話もいろいろあった。

で、我ながらオモロい！！　って思った瞬間は、宴もたけなわのころに、まあふつうのダンス・ミュージックをかけてたわけ。そしたら上品な感じのレディーがやってきて、

〝ABBAかストーンズかけてくれないかしら？〟

ってゆーの。あー、酔っぱらいだ、きたきた、と思って、

〝いや。。。ABBAはちょっと。。今はダンス音楽をかけることにタイム・テーブルではなってるんで。。〟といったら、

〝そんなのかまやしないわよ！　あたしはＧＭ（総支配人）の妻よ！！！！！〟

うわ〜〜〜〜〜い@@@@@@@@@

かけましたよ。〝悪魔を憐れむ歌〟。あたしのチョイスではこれ！　って思ったんだけど、それかけた瞬間、遠くでシャンパン飲んでた紳士／レディー方がダンス・フロアにオシカケハジメタ！！　マジで〜〜〜？？　んじゃもっとやっちゃえ〜〜〜と思ってフランキー・ゴーズ・トゥ・ハリウッドのrelaxの〝Peter Rauhofers Dub Remix〟をかけたら、あの〝ファ〜〜〜！！〟なかけ声＋ダーティーなベース、骨太なビートに合わせ、総領事、貴族、トランス・クルーなどなど入り乱れてオドルオドル。。。。

ぎゃ〜〜！！　ななななんてシュールなんだ！　この曲のクリップ思いだすぜ！！

とかなり感動。バリはすごい。ヘンだ。


というか、あたしは一九四〇—七〇年代にかけてのモロッコ／タンジールのシーンにすごく思い入れがあって、いつも〝もしタイム・マシーンがあったらぜひ行きたい〟って思うエラのひとつなわけさ。それになんかイメージが重なったのね。あの夜が。

特に四十年代、タンジールはモロッコ独立まえで、ヨーロッパにいちばん近い北アフリカの入り口の港町。複数の国の管理下におかれて〝インターナショナル・ゾーン〟と呼ばれていたカオスだった。

ダニエル・ロンドーの〝タンジール、海のざわめき〟や、ミシェル・グリーンの〝地の果ての夢、タンジール〟を何度読み返したかわからないけど、そこに書かれていたヤバくクセになりそうな、それでいて文化的刺激に満ちた魔都の匂い。。。

ギンズバーグやバロウズ、ポール・ボウルズにケルアックにカポーティーなんかのアメリカのビート（カポーティーは違うけど）の作家から、各国の大使や貴族にヒッピーに富豪に武器商人にスパイに密輸人たち、ドラッグ・ディーラーからアーティスト、果てはローリング・ストーンズまでありとあらゆる人間／国籍がごちゃまぜになってある種のデカダン・ユートピアを形成していた無法地帯。。。

もちろん二〇〇五年のバリはもっとクリーンで安全でそんなタンジールとはくらべようもないけれど、ファンタジーは限りなく広がって、かなり極彩色な夜であった。

それにしても、なぜアタシのよーなモノが、ここのそんなパーティーでプレイするかとゆーと、それもまたオモロイんだ。

ひょんなことで知り合ったバリニーズが、ここのヴァンケット（宴）・セクションのアシスタント・マネージャーだったのね。なんだけど、彼は昼はここで働きながら、実はインドネシアで今人気がかなり出てきて最近メジャーと契約したパンクバンドのマネージャーもやってるの。〝Superman is dead〟っていう、クラッシュのインドネシア版みたいなバンド。

いつもはびしっとした服で仕事してる彼にホテルの外で会うと、ばしっと皮ジャンにごついバイクにリストバンドで、先日奥さんと〝スカ・ワルン〟（スカはレゲエとパンク／ロカビリーの融合した音楽でワルンはバリの定食屋のこと）を開いたっていうユニークな人物。間違いなく〝突然変異型のバリニーズ〟のひとりであろう。

十代から二十代半ばにかけてパンクバンドをやっていたあたしと彼とはあっという間にマブダチになってしまい、それ以来、こういう変わった催しにはあたしをブッキングするようになったというわけです。あたしたちが組むとかなり実験的な雰囲気が漂うけれど、今のところクレームは出ていない（というよりもかなり好評）なので、しばらくイロイロな機会に恵まれることであろう。

フツーのテクノ／トランス系のパーティーではありえない選曲を楽しめる（とゆーよりも子供のころから自分が聞いてきた音楽すべての知識を総動員して遊べる）ので、こーゆー催しは催しで、ひとりで空間／気／集まった顔ぶれが醸しだす世界の様相の縮図、そこから喚起されるイメージ。。なんかを贅沢《ぜいたく》に使ったジグソーパズルやってるみたいでオモロイ。

人と人との出会いはほんとうに面白いってことを、こういうときに実感する。可能性に気がつかずに素通りしてることも多いだろうけど、たまにリンクして次の世界につながっていく出会いもたくさんある。

そういう出会いを引き寄せること、育てていけること、またそこから別の人へリレーしてあげられること、そういう能力は一生かかっても磨いていく価値がある。

そんなことを思った夜でした。

ちなみにこの夜は、ファンキーなふたりの日本人と偶然知り合いにもなれた。ひとりはウブド在住のアーティスト、もうひとりは東京在住のＤＪ／ジャーナリスト（？たぶん）。

しかもふたりともミクシィやってるとのことで速攻メッセージが届いてた。

ミクシィ、スゴい！！

## 2005.06.06 23:00

### 神々の住む島におけるひとつの細胞

三、四日は、バリ暦上、葬祭などを行うのに適した日だったらしく、ウブド（三日）とウルワトウ（四日）へと向かう途中、路上にていくつかのクリメイション（火葬）の行列に出くわした。

男たちはきりっとデスターを頭に巻き、黒いTシャツにチェックのサロン、女たちもそれぞれ正装に身を包み、歩いていく。

色鮮やかな布でくるまれただけのシンプルな棺を男たちが担いで進む行列もあれば、動物をかたどったハリボテが乗った神輿みたいなもの（遺体はその下に入っているのだとか）が豪華にしずしずと進むのもあった。

列の後部、ドラやなんかで音楽を奏でる楽団がついていく。

クタの哀しいくらいゴミゴミしたあたりで、突然出くわしたセレモニーの一行はあまりにあたしの不意を突いて、しばらくそこから立ち去れなかったほどだった。

そのセレモニーの列は、火葬場へと向かう一行ではなかった。

何のセレモニーだったのか、今もって謎だ。

子供から老人まで、二百人ほどの、正装したバリニーズたちの中央には、セレモニーでは必ず見かける、果物やお菓子などのお供えを高く積み上げた足付き銀皿を頭にのせて歩く一人の女性。列はその女性を護衛するようにして歩いていく。

どうやらその女性が何やら大事な役目を担っているらしい。

全員がバリニーズ語でゆっくりとした歌を唄いながら歩いていく。

輸入されたトレンドものであふれかえったその一画で響くその合唱に、あたりの空気が微妙に振動しはじめる。

やがて一行は交差点の真ん中でいきなり停止すると、数人がその女性のかかげたお供えものから何かを路上に振りまきはじめ、チャンティングはさらに音量を増しはじめた。

ただごとではない気配に、あたりの店からジャワ島出身者と思わしき若い売り子の娘たちが出てきて一行を眺めている。

カメラを向けて近づいていく西洋人ツーリスト。

やがて再び列は進みはじめる。

十分後、その交差点はいつもの趣味もへったくれもない無愛想な通りに戻っていた。

あの光景が、なんだか、ディズニーランドの真ん中で遭遇したエスニック・アトラクションだったかのような錯覚におちいる。

一行のなかでも若い青年たちは皆一様に粋なかんじのサングラスをかけていた。

たぶん、皆このあたりで生まれ育った若人衆なのだろう。

いつもはジーンズにじゃらじゃら銀のネックレスで闊歩している通りを、こんなふうに伝統衣装で参加して行進することに対して、彼らは少し気恥ずかしさを感じているのかな？　それとも誇らしい？

こういう光景を見るたびについ聞いてみたいと思う質問。。

仲良くなった若いバリニーズに聞くと、皆モチロンだよ！　といってあたしはオセンチになりホッとするが、十年後、二十年後、三十年後もここらあたりであんな光景が見られるのかな。。。。と、この話をケテュットちゃんにしようと思っていた矢先、つきさっき、いつものキリッとしたサロン姿で彼女がスタジオの簡易テンプルにオフリンをしにきてくれた。

〃デッド・ムーン（新月）だからね。今晩はさ〃という。

彼女は二十七歳で、とても自分たちの文化に誇りを持っている。

昨日から、我が家には新しいメンバーが加わった。

アユという名の、タバナン県出身の、ぽっちゃりとしたかわいらしいバリニーズの女の子。どこからか我が家の話を伝え聞き、おととい、何のアポもなくやってきて戸をたたき、〝ここで雇ってください。よかったら、実家から明日、引っ越してきます〟という。

何でも、二年間住み込みでオーストラリア人家族のもとで働いていたのだけれど、先日一家が帰国してしまい、仕事もなくなって実家に帰っていたのだという。

にこやかでとても好感がもてたので、あっさり承諾してしまい（ケテュットちゃんの強力なすすめもあり。彼女は直感で人をみるのに優れているので、あたしもその判断には一目を置いている）、さっそくアユは我が家に引っ越してきた。

ケテュットちゃんはやはり、イルが帰宅した午後四時すぎでもバリ語で話せる同胞が同居することになって、そうとううれしいみたい。

一階にあるナーセリー（子供部屋）。あたしが夜仕事するときは、ここでキッズもケテュットちゃんと寝るカラフルな部屋）のベッドがキングサイズなので、ケテュットちゃんとアユは夜ここで一緒に眠るのだけれど、もしかしたらまるで林間学校のようなかしましさになっているのかも。。

今日の昼も、ケテユット、イル、アユの三人娘がきゃっきゃとバリ語で話しているのが、小鳥のつどいのようでもあり、かしましく楽しく、おおらかな振動にあふれてた。

そのアユが日が暮れてからシャワーを浴びて（沐浴の意味もかねて）、きりっとサロンを巻き、籠にオフリンとインセンスを山盛りにして、庭に出ていった。

〝今夜はこの家にお邪魔した初めての夜ですから、テンプル（我が家の敷地内には大小まぜて四カ所テンプルがある）と精霊に初めましてをするんです。どうぞよろしく、仲良くしてくださいって。。。〟というのでなんだか感動してしまった。

ケテユットちゃんも、〝初めて働く場所だったら、あたりまえのコトダヨ〟だという。

彼女たちのような人がいつか母になり、子供を育て、また祖母になっていくかぎり、バリはずっと〝神々の島〟であり続ける、そう思った。。。。

ホントにかないません。彼女たちには。。。

## 2005.06.10 01:45
### ランチにて

先週のボンド・パーティーで知り合った、某国ディプロマット（外交官）からランチに招待されて、オベロイにある元サンティカ・ヴィラのなかのレストランで昼食。

約束から少し遅れてきた紳士。語るに、彼が名誉領事を務める国からやってきたとある男がある事件を引き起こし、バリ島西部にある裁判所へその男の力になるため行っていたのだとか。

〝何があったんです？〟

〝いや、ひと月まえにそれは起こったんだが。。〟

なんでも、その人里はなれた地帯で男が車を運転していたとき、突然タイヤがひとつ、車体から外れてしまったのだという。三輪になってしまった車体は激しく左右にふれながらしばらく暴走し、たまたま道端《みちばた》でバイクを止め休んでいた警察官に突っこんでしまったのだという。警察官は一命をとりとめたものの、そのとき受けた怪我が悪化し、とうとう片足を切断せざるをえなくなってしまった。

その本人、および家族のこれからの生活を保障するために、その男がこれからとるべき行動を、今日裁判所がいいわたしたのだとか。

くわしい申し渡し内容は聞かなかったけれど、なんと奇妙な、恐ろしい、哀しい話もあるものだとゾッとした。

あまり車も通らないような田舎で、たまたま休息していた人間に当たるように、車の車輪がはずれるだなんて。。

警察官のことを思うと気の毒でならないし、その男にしたって、その〝偶然〟の被害者ともいえる。

たぶん、そういった〝恐ろしい偶然〟は毎日、世界中で起こっているのだろう。

そう考えると、すこぶる健康で幸せに暮らしていることのほうが不思議に思えるくらいだ。

カルマ論者は、こういった出来事をどうとらえるのだろうか。

その他、彼のようなポジションにいる者でないと知らないような情報もいくつか。

彼いわく、正式に在留届を出してバリに〝住んで〟いる世界各国からの外国人は四千人だという。そんなわけはない、とあたしは驚愕した。どれだけ少なく見積もっても、エキスパ

（移住者）人口は一万をくだらないだろうと踏んでいたからだ。

〝まあ、在留届を出していない長期滞在者は多いし（これはホント。バリ在住十五年なのに届け出も出さず、いまだツーリスト・ビザみたいな人はザラにいる）、それに世界各国出身のクリミナルもたくさんここには住み着いていると僕は予想する〟

とのこと。なるほど。しかも、その四千人のうち、ワーキング・パーミット（労働許可）を持っているのはなんとわずか五百人しかいないという。

〝あとの三千五百人がどうやって食ってるかは皆目わからんがね〟

と肩をすくめる大使。

外国人がオーナーの飲食店やホテル、店、工場などがどれだけあるかを思えば、これも驚異的な少なさだと思う。

あたしとギャロはキタス、つまりインドネシア・シチズンとほぼ同格の長期滞在ビザを保有している。ワーキング・パーミットもあるので働くこともできる。

〝ああ、君らは少数派の合法的就労者ってことだ。結構なことだね〟

ビールをおいしそうに飲みながら微笑む紳士。

このほかにもイロイロ、興味深い話、ここには書けないエピソードなどを聞いたが、それはまたいつかどこかで、機会があったら。。

午後は仕事、仕事。やることは山積み。。。。
なのに、昼間っから飲んだ白ワインのせいで、頭がうまく働かない。
途中で見切りをつけ、子供たちとゆっくり遊ぶことにする。
が、息子と娘と恐竜のアニメ映画をみるうちにうとうとと。。。

〝マミー、ウェイクアーップ、ウ・エ・イ・ク・アーップ！！！〟と息子につつかれてもまどろんでいるあたしに、いきなり小僧はおおいかぶさり、ぶちゅう〜〜〜っツ！！と濃厚なキスをしてきた。オイオイ、いったいどこでそんなの。。。
〝Wait !!! This is not right !!!!!（〝ちょっと！　それはちとマチガってるよお〟って感じでしょうか）

速攻で起きたアタシをにんまり見下ろし、イーコイーコをする小僧。。

日常は非日常的であり、非日常的なるものもまた日常のなかに潜んでいる。
明日はどんな非日常が時空のすき間から顔をのぞかせるだろう。

# あたしがこの愛しい地球に残した足あと
（1999.08～2005.07）

## 1999

| | |
|---|---|
| 08.30～09.06 | アメリカ／サンフランシスコ郊外のブラック・ロック砂漠で開催された "BURNING MAN" に参加 |
| 12.13 | 日本出国 |
| 12.15 | オーストラリア／メルボルン "Lounge" / DJ |
| 12.16 | オーストラリア／メルボルン "Teriyaki" / performance |
| 12.23 | オーストラリア／メルボルン "CYBERDELICA" / Live&DJ |
| 12.31～ | オーストラリア／バイロン・ベイでのフェスティバル "Milleniyum" / DJ |

## 2000

| | |
|---|---|
| ～01.01 | オーストラリア／バイロン・ベイでのフェスティバル "Milleniyum" / DJ |
| 01.07～09 | オーストラリア／バイロン・ベイ郊外でのフェスティバル "Dawning" / DJ |
| 01.10 | オーストラリア／バイロン・ベイ "Car Park / Starship Pudding" / DJ&Performance |
| 01.14～16 | オーストラリア／シドニー郊外でのフェスティバル "Summer Dreaming" / DJ |
| 01.21～23 | オーストラリア／メルボルン郊外でのフェスティバル "RAINBOW SERPENT" / DJ |

| | |
|---|---|
| 01.29 | オーストラリア／メルボルン "Hi-Fi-Bar" / DJ |
| 02.04 | オーストラリア／メルボルン "Centriphugal" / DJ |
| 02.05〜06 | オーストラリア／シドニー郊外でのフェスティバル "EARTHCORE&EQUINOX" / Live&DJ |
| 02.14 | 日本に荷造りのため一時帰国。 |
| 03.03 | 日本／東京西麻布 "Bullet's" / DJ |
| 03.08 | イギリス／ロンドン入り。 |
| 03.12〜14 | ギリシャ／パトラ&アテネ |
| 03.15〜04.02 | イギリス／ロンドン&デヴォン |
| 04.03 | デンマーク／コペンハーゲン入り。 |
| 04.06 | デンマーク／コペンハーゲン "Stengate / TECHNO TORSOAG" / DJ |
| 04.08 | デンマーク／コペンハーゲン／クリスチアーナ区 "Loppen" / Live&DJ |
| 04.12 | イギリス経由でメキシコ入り。 |
| 04.15 | メキシコ／グワルダハラ（?不明）郊外でのフェスティバル "MAYICK" / DJ |
| 04.24 | メキシコ・シティ／コンデサ区 "Baraccuda" / DJ |
| 04.28 | フィンランド／ヘルシンキ "Shanti-baba's" / Live&DJ |
| 04.30 | フィンランド／ヘルシンキ（?不明）/ DJ |
| 05.5〜24 | イギリス／ロンドン&デヴォン |
| 05.24〜28 | クロアチア／ザグレブ |
| 05.28〜06.22 | イギリス／デヴォン&ロンドン |
| 06.23〜25 | ドイツ／ハンブルグ郊外でのフェスティバル "Flying Rhino Party" / DJ |
| 06.26〜30 | イギリス／ロンドン |
| 07.01〜02 | フランス／パリ |
| 07.03〜07 | イギリス／デヴォン |
| 07.08〜09 | ギリシャ／テサロニキ（たぶん）郊外の美しい小さな漁村でのパーティー／DJ |

07.10　イギリス経由で日本／東京へ

07.14〜16　新島 "Anoyo / The Ground Swell" でDJのはずが大きな地震のため、現地でキャンセル。

07.27〜30　フジロック・フェスティバル／Anoyo zone でDJ。

07.31　東京スパイラルホールでのイベントで即興アンビエント live / コラボレーション with Patrick Iochon&Hideyo Blackmoon

08.11　東京／渋谷 "CYBERDELICA.TOKYO" / DJ

08.12　神奈川／辻堂 "SPUTNIK" でDJ。 21日出国

08.22〜09.12　イギリス／ロンドン&デヴォン

09.13　メキシコ／モントレー入り。

09.15　メキシコ／モントレー／DJ

09.20〜11.08　イギリス／ロンドン&デヴォン。 26日に妊娠発覚。

11.09　アメリカ／ロス入り。

11.15　アメリカ／ロス "Sky Sushi" / DJ

11.21〜12.1　イギリス／ロンドン

12.02　ドイツ／ケルン郊外でDJ。

12.04〜14　イギリス／デヴォン。 14日にロンドン／ポートベローに借りたフラットに引っ越し。

12.15〜17　ギリシャ／オリンポス山中でのパーティーでDJ。

12.19〜27　イギリス／ロンドン

12.28　モロッコ／マラケシュ入り。

12.29〜　モロッコ／ワルザザード郊外での "Morocco 2001" へ。

## 2001

〜01.02　モロッコ／ワルザザード郊外での "Morocco 2001" で年明け。

01.11　マラケシュやエッサウエラなどで過ごした後、モロッコ出国。

| | |
|---|---|
| 01.12〜 | イギリス／ロンドン |
| 01.26 | イギリス／ロンドン "Return To the source" にてZen Lemonade（ゼン・レモネード）のLive. |
| 01.29 | 出産準備のため、絶望しながらデヴォンへいったん戻る。 |
| 02.19〜03.08 | デヴォンに耐えられなくなりロンドンへ。臨月間近のお腹でスクオット・パーティーにいったりする。 |
| 03.09〜 | バース経由でデヴォンへ。 |
| 03.30〜 | またもやロンドンへ逃亡（?） |
| 04.10 | 観念し、デヴォンへ。 |
| 04.17 | 長男アシャンティをデヴォン州オケハンプトンにて出産。 |
| 06.01〜 | アシャンティとロンドンへ。 |
| 06.06〜 | デヴォンへ。 |
| 06.16 | デヴォンの美しい草原でギャロとのウエディング。 |
| 07.01〜11 | ロンドン。 |
| 07.12 | ロンドン／ポートベローのフラットを引き払い、東京へ。怒濤の家族ジプシー生活のはじまり。 |
| 07.20〜22 | 日本／長野でのフェスティバル "Solstice Music Festival 2001" にてDJ。 |
| 08.04 | 日本／東京／芝浦 "TRANZDA FUNK!!" にてゼンレモのLive&DJ |
| 08.17〜19 | アメリカ／サンフランシスコ郊外でのフェスティバル "FUSION FESTIVAL" にてゼンレモのLive&DJ |
| 08.23〜08.30 | イギリス／デヴォン |
| 08.31〜09.03 | ギリシャ／サモスラキ島でのフェスティバル "SOLA LUNA 2001" / DJ |
| 09.04〜09.11 | フェスティバル後もギリシャ／サモスラキ島に滞在。島を離れるフェリー上でニューヨーク・テロを知る。 |
| 09.12〜10.27 | イギリス／ロンドン&デヴォン |
| 10.28〜 | アシャンティと二人でデンマーク／コペンハーゲンへ。 |
| 11.01 | デンマーク／コペンハーゲン "Rust" でLive&DJ |
| 11.03 | 旧東ドイツの町（不明）でDJ。 |
| 11.05〜12.25 | イギリス／デヴォン |

12.26〜　タイ／バンコク経由でパンガン島へ。

12.31〜　タイ／パンガン島でのフェスティバル "KOH PHANGAN 2002" にてDJ。

## 2002

〜01.02　タイ／パンガン島でのフェスティバル "KOH PHANGAN 2002" で年明け。

01.09〜　オーストラリア／メルボルンへ。

01.18〜19　オーストラリア／シドニー郊外でのフェスティバル "Summer Dreaming 2002" にてゼンレモのLive&DJ

01.28〜　バンコク経由でイギリス／デヴォンへ。奇跡的になんとかゼンレモのファースト・アルバムを完成させる。

02.12〜　とっととロンドンへ脱出。ここからハイドパークにある友人エディ宅のリビングの床で親子3人で寝起きする生活がスタート。あたし、ギャロともに精神的／状況的なボトム。書き直しをしていた小説を終わらせる。

03.10〜22　いやいや再びデヴォンへ。

03.22　ロンドンの伝説のバタフライ・スタジオのクロージング・パーティーでDJ。エディ宅にステイ。

04.01〜05.17　奇跡のごとくダヴィデに呼ばれ、一家でパリへ。この約6週間のあいだに移住を決意。

05.18〜06.07　いったんイギリス／ロンドンへ。

06.8〜11　デヴォンへ一瞬帰り、すべてを荷造り。さよならデヴォン!!　ロンドンへ。

06.13　日本／東京へ。

06.14　新宿〝リキッド・ルーム〟での "TOKIO DROME" にてゼンレモのアルバム・リリースLive.

07.13〜15　新潟・佐渡島でのフェスティバル "Anoyo. Rolling Thunder" にてDJ。ゼンレモの live は台風のためパーティーが途中で中止になりキャンセル。

07.19〜21　長野県富士でのフェスティバル "Solstice Music Festival 2002" でDJ。

08.18　日本出国。イギリス／ロンドンへ。

08.20〜　ギリシャ／サモスラキ島へ再び。

08.22〜26　ギリシャ／サモスラキ島でのフェスティバル "Samothraki Dance Festival" にてゼンレモLive&DJ

09.04〜15　イギリス／ロンドン。

09.16 バリ島に移住。ウブドに住む。静かな日々。何回かDJ。

## 2003

03.05〜 オーストラリア／メルボルンへ。

03.09 オーストラリア／メルボルン "EARTHCORE PRESENTS HYDRA" でゼンレモのLIVE&DJ

03.19〜06.08 静かなウブド暮らし。何回かDJ。5月中旬2人目妊娠発覚。

06.09 スミニャックに引っ越し。22日より Kudeta のゲスト・レジデンツDJになる。再び怒濤のパーティー・ライフが始まってしまう。しかしDJの仕事はまだ（?）この段階で月に5〜10本程度。

09.24〜 再び大きいお腹（7カ月）で日本へ。

09.27 東京／芝浦でゼンレモ Live&DJ. 10月14日に出国。

10.15〜 バリ再び。

## 2004

01.09 長女エマをバリ島／デンパサールにて出産。

02.06 DJの仕事に復帰。以後、現在までコンスタントに毎月10〜18回のブッキングをこなしている。

## 2005

01.23〜02.03 オーストラリア／メルボルン。28〜30日は郊外であったフェスティバル "SUBMERGE" でDJ。

02.04〜 再び、バリ。月10〜18回DJ。たまにジャカルタでDJ。

07〜 自己主宰によるレーベル "Hypo=espresso Record" 始動。

（注／ここに表記してあるのは正規（?）のDJブッキングのみ。その他の数知れない個人宅でのプライベート・パーティーや飛び入りギグなどは省いてあります）

## コージー・ティル（Cozi Till）

一九六七年、神奈川県横浜市生まれ。東横女子短期大学国文科中退。十七歳のときギターを始め、十九歳のとき、ヴォーカリスト兼サイド・ギタリストとしてパンク・バンドを結成、リハーサルとライブハウスでのツアーに明け暮れる。その後三枚のアルバムを出してバンドは解散。二十五歳頃よりコンピュータを使った作曲／プログラミングをはじめ、アシッド・ジャズなどの影響をうけたソロ・アルバムを国内メジャーよりリリース。その後、テクノの影響の強い音楽を制作しはじめると同時に、DJ活動も開始。また、グラフィック・デザイナーであった最初の夫と結婚。一九九九年にDJをしながら一人で旅していたオーストラリアでデジタル・プロデューサー、ガス・ティルに出会い、そのまま渡英。二〇〇〇年にデンマークのレーベルより自身でプログラミング／プロデュースしたアルバムを発表、カレッジチャートで一位になるなどの好評を得る。翌年、最初の夫と離婚、息子を出産／ティルと再婚。Supercozi、Cocopa名義でアーティスト、DJとして活躍しているほか、夫とのテクノユニット〝ゼン・レモネード〟としても、ロンドンのレーベルよりアルバムを出している。現在は夫、二人の子供とともにバリ在住。エレクトロニカ・レーベル〝ハイポ＝エスプレッソ・レコード〟主宰。よりくわしい活動については、http://www.hypoespresso.comおよびhttp://www.supercozi.comまで。

# ロータス・イーター（Lotus-eater）

発行日　二〇〇五年八月二十日　第一刷発行

著者　コージー・ティル（Cozi Till）

発行者　山田健一
発行所　株式会社文遊社
東京都文京区本郷三―二八―九　〒一一三―〇〇三三
電話　〇三（三八一五）七七四〇
http://www.bunyu-sha.jp
装幀　佐々木暁
印刷所　株式会社シナノ
製本所　株式会社難波製本
乱丁本・落丁本はお取替えいたします。
定価はカバーに表示してあります。


ISBN4-89257-047-8　Printed in Japan.